Impressum
Verlag: BABADADA GmbH, Nedderfeld 112 , 22529 Hamburg
Geschäftsführer / Verlagsleitung: Harald Hof
Druck: Books on Demand GmbH, In de Tarpen 42, 22848 Norderstedt

Imprint
Publisher: BABADADA GmbH, Nedderfeld 112 , 22529 Hamburg, Germany
Managing Director / Publishing direction: Harald Hof
Print: Books on Demand GmbH, In de Tarpen 42, 22848 Norderstedt

məktəb

el colegio

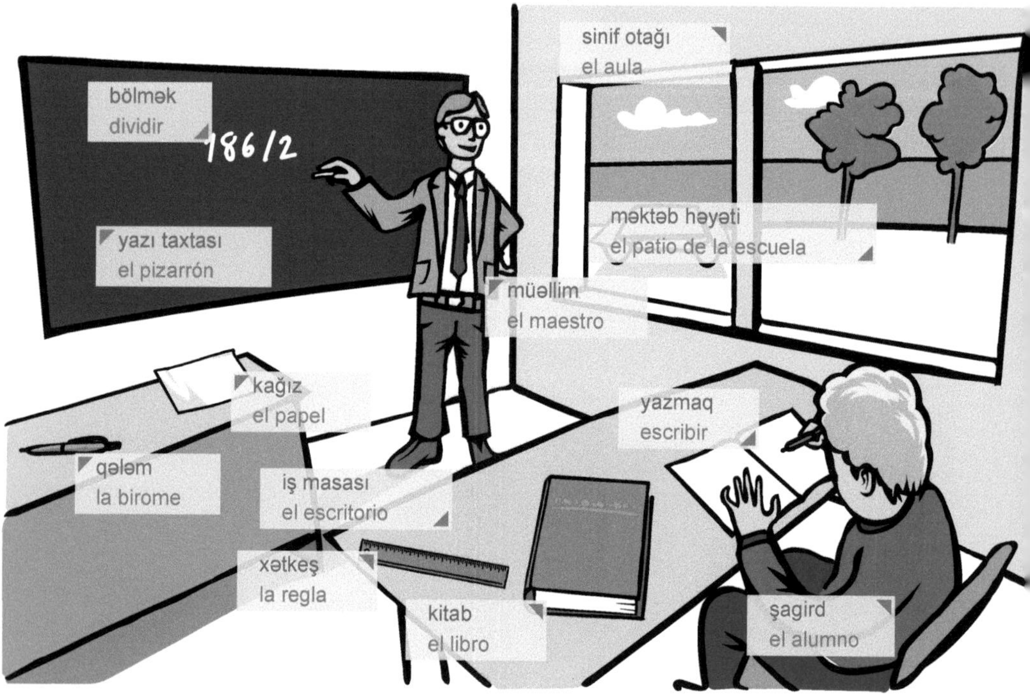
sinif otağı
el aula
bölmək
dividir
186/2
yazı taxtası
el pizarrón
məktəb həyəti
el patio de la escuela
müəllim
el maestro
kağız
el papel
yazmaq
escribir
qələm
la birome
iş masası
el escritorio
xətkeş
la regla
kitab
el libro
şagird
el alumno

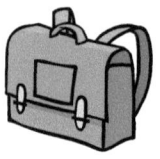

məktəbli çantası

la mochila

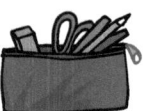

karandaş qabı

la caja de lápices

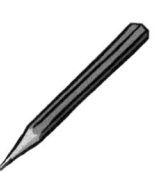

karandaş

el lápiz

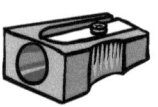

karandaş yonan

el sacapuntas

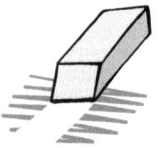

pozan

la goma (de borrar)

rəsm albomu

el bloc de dibujo

rəsm
el dibujo

boya fırçası
el pincel

boya qutusu
la caja de pinturas

qayçı
la tijera

yapışdırıcı
el pegamento

dəftər
el cuaderno de ejercicios

ev tapşırığı
la tarea

say
el número

əlavə etmək
sumar

çıxmaq
restar

vurmaq
multiplicar

hesablamaq
calcular

hərf
la letra

əlifba
el abecedario

söz
la palabra

mətn

el texto

oxumaq

leer

tabaşir

la tiza

dərs

la lección

sinif jurnalı

el cuaderno de clase

imtahan

el examen

təhsil haqqında sənəd

el certificado

məktəb uniforması

el uniforme escolar

təhsil

la educación

ensiklopediya

la enciclopedia

universitet

la universidad

mikroskop

el microscopio

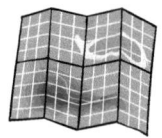

xəritə

el mapa

zibil qutusu

el tacho (de basura)

məktəb - el colegio

mehmanxana
el hotel

Grand

yataqxana
el hostel

ROOMS

valyuta mübadiləsi məntəqəsi
la casa de cambio

CHANGE

çamadan
la valija

avtomobil
el auto

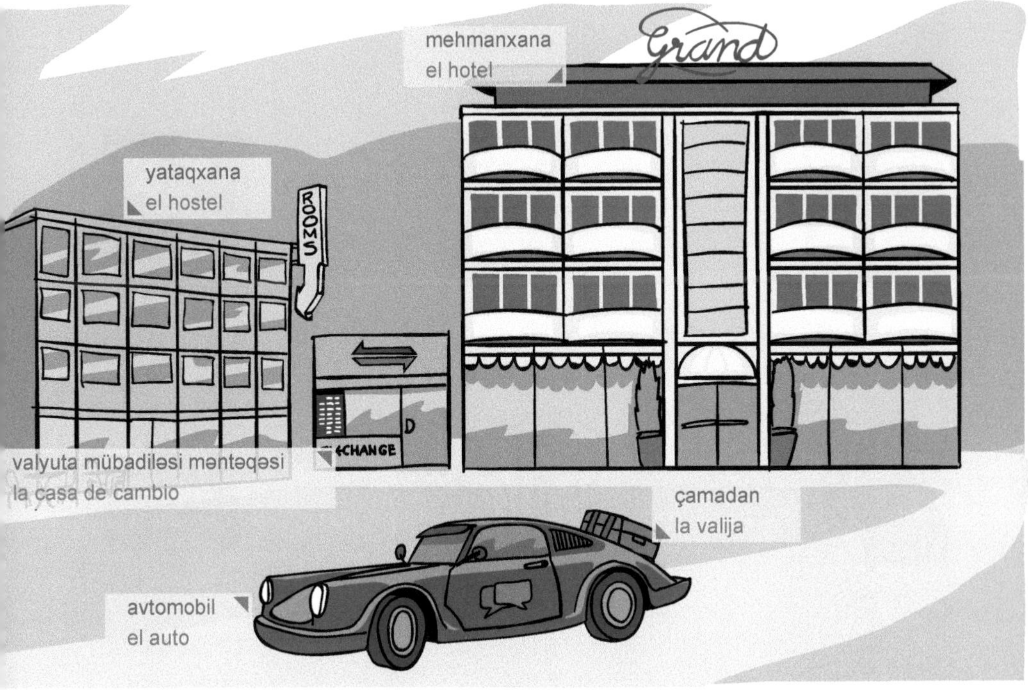

dil

el idioma

bəli/xeyr

sí / no

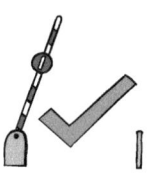

oldu

Está bien

salam

hola

tərcüməçi

el traductor

Təşəkkür edirəm

Gracias

giyməti nə qədərdir ...?

¿cuánto cuesta…?

mən başa düşmürəm

No entiendo

problem

el problema

Axşamınız xeyir!

¡Buenas tardes!

Sabahınız xeyir!

¡Buenos días!

Gecəniz xeyrə galsin!

¡Buenas noches!

hələlik

el adiós

istiqamət

la dirección

baqaj

el equipaje

torba

el bolso

kürək çantası

la mochila

qonaq

el invitado

otaq

la habitación

yataq-çuval

la bolsa de dormir

çadır

la carpa

turistlər üçün məlumat

la información turística

çimərlik

la playa

kredit kartı

la tarjeta de crédito

səhər yeməyi

el desayuno

günorta yeməyi

el almuerzo

nahar yeməyi

la cena

bilet

el pasaje

lift

el ascensor

poçt markası

el sello

sərhəd

la frontera

gömrük

la aduana

səfirlik

la embajada

viza

la visa

pasport

el pasaporte

nəqliyyat
el transporte

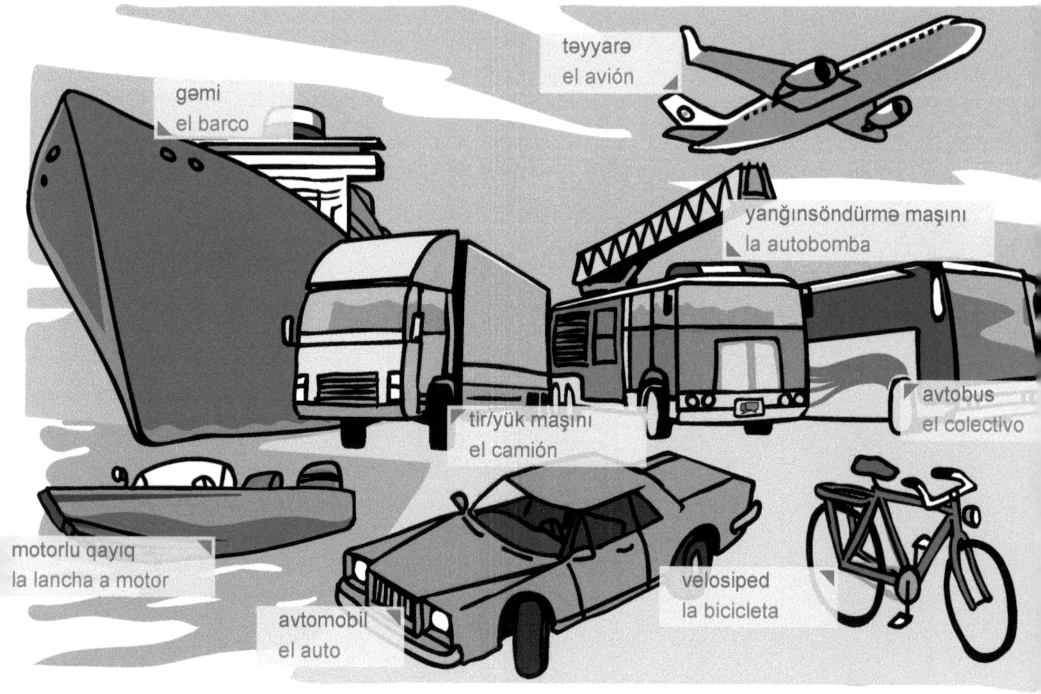

təyyarə
el avión
gəmi
el barco
yanğınsöndürmə maşını
la autobomba
avtobus
el colectivo
tir/yük maşını
el camión
motorlu qayıq
la lancha a motor
velosiped
la bicicleta
avtomobil
el auto

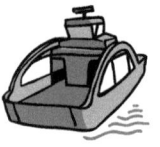

bərə
el ferry

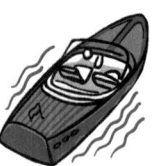

qayıq
el bote

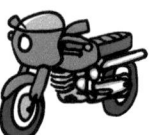

motosiklet
la moto

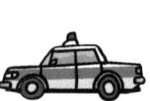

polis avtomobili
el patrullero

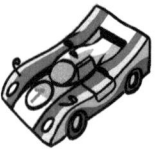

yarış avtomobili
el auto de carreras

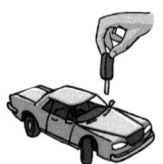

icarə avtomobili
el auto de alquiler

avtomobil icarəsi

el alquiler de autos

texniki yardım maşını

la grúa

zibil maşını

el camión de la basura

mühərrik

el motor

yanacaq

la nafta

benzin doldurma məntəqəsi

la estación de servicio

yol nişanı

la señal de tránsito

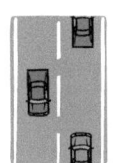

yol hərəkəti

el tránsito

tıxac

el embotellamiento

avtomobil dayanacağı

el estacionamiento

dəmir yolu stansiyası

la estación de tren

dəmiryol

las vías

qatar

el tren

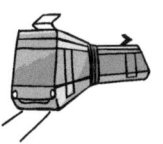

tramvay

el tranvía

vaqon

el vagón

nəqliyyat - el transporte

9

helikopter

el helicóptero

hava limanı

el aeropuerto

qüllə

la torre

sərnişin

el pasajero

konteyner

el contenedor

karton qutu

la caja de cartón

əl arabası

la carretilla

səbət

la canasta

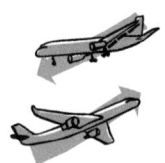

qalxmaq / enmək

despegar / aterrizar

şəhər

la ciudad

kənd

el pueblo

şəhər mərkəzi

el centro de la ciudad

ev

la casa

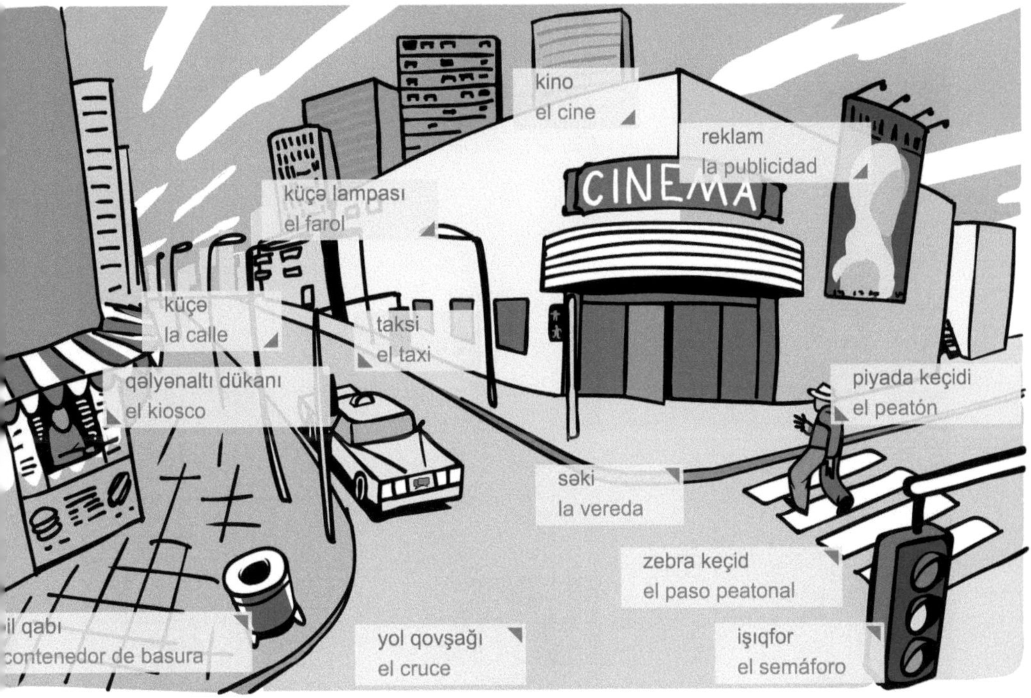

kino
el cine
reklam
la publicidad
CINEMA
küçə lampası
el farol
küçə
la calle
taksi
el taxi
qəlyənaltı dükanı
el kiosco
piyada keçidi
el peatón
səki
la vereda
zebra keçid
el paso peatonal
il qabı
contenedor de basura
yol qovşağı
el cruce
işıqfor
el semáforo

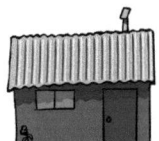

daxma

la cabaña

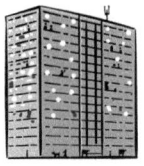

mənzil

el departamento

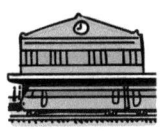

dəmir yolu stansiyası

la estación de tren

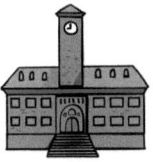

bələdiyyə binası

la municipalidad

MUSEUM

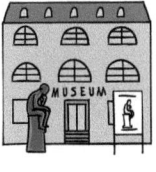

muzey

el museo

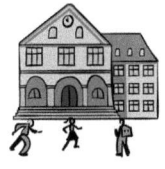

məktəb

el colegio

universitet

la universidad

bank

el banco

xəstəxana

el hospital

mehmanxana

el hotel

aptek

la farmacia

ofis

la oficina

kitab dükkanı

la librería

dükan

el negocio

çiçək dükanı

la florería

supermarket

el supermercado

bazar

el mercado

univermaq

las grandes tiendas

balıq satıcısı

la pescadería

ticarət mərkəzi

el centro comercial

liman

el puerto

park
el parque

oturacaq
el banco

körpü
el puente

pilləkən
las escaleras

metro
el subte

tunel
el túnel

avtobus dayanacağı
la parada del colectivo

bar
el bar

restoran
el restaurante

poçt qutusu
el buzón

küçə nişanı
el letrero

parkinq sayğacı
el parquímetro

zoopark
el zoológico

üzgüçülük hovuzu
la pileta

məscid
la mezquita

ferma
la granja

ətraf mühitin çirklənməsi
la contaminación

məzarlıq
el cementerio

kilsə
la iglesia

oyun meydançası
los juegos infantiles

məbəd
el templo

mənzərə

el paisaje

yarpaq
la hoja

yol nişanı
el poste indicador

yol
el camino

çəmən
la pradera

daş
la piedra

piyada səyyah
el excursionista

ağac
el árbol

çay
el río

ot
la hierba

gül
la flor

vadi

el valle

təpə

la montaña

göl

el lago

meşə

el bosque

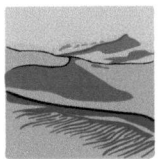

səhra

el desierto

vulkan

el volcán

qəsr

el castillo

göy qurşağı

el arco iris

göbələk

el champiñón

palma

la palmera

ağcaqanad

el mosquito

milçək

la mosca

qarışqa

la hormiga

arı

la abeja

hörümçək

la araña

mənzərə - el paisaje

böcək
el escarabajo

qurbağa
la rana

dələ
la ardilla

kirpi
el erizo

dovşan
la liebre

bayquş
la lechuza

quş
el pájaro

qu quşu
el cisne

qaban
el jabalí

maral
el ciervo

sığın
el alce

su bəndi
la presa

külək turbini
el aerogenerador

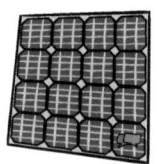

günəş batareyası
el panel solar

iqlim
el clima

restoran
el restaurante

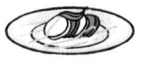

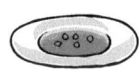

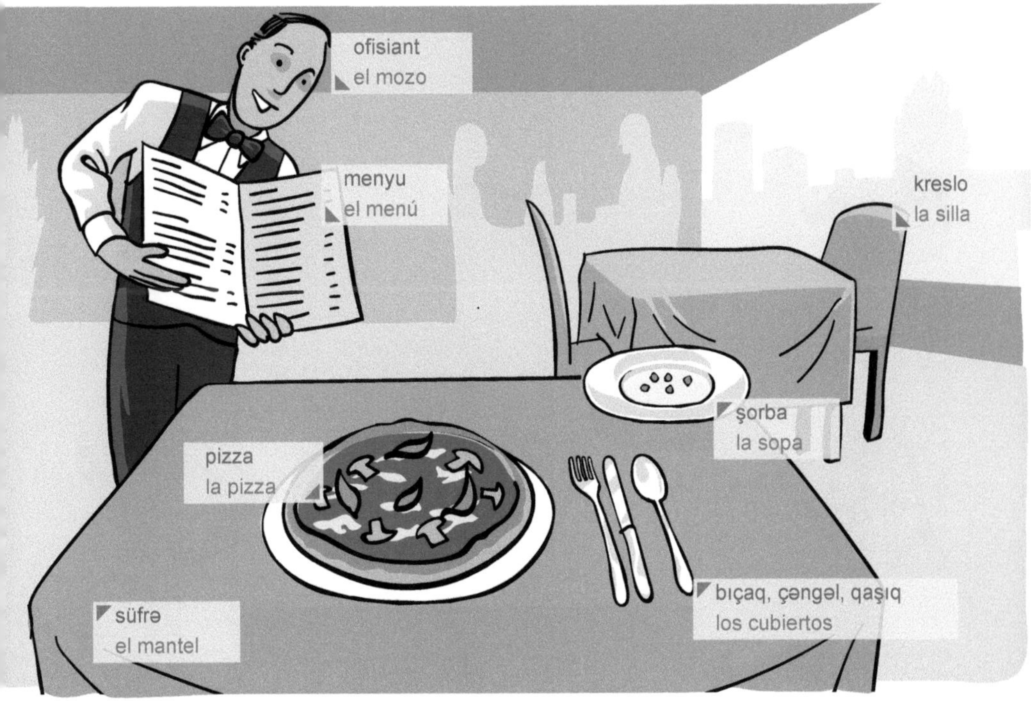
ofisiant
el mozo
menyu
el menú
kreslo
la silla
şorba
la sopa
pizza
la pizza
bıçaq, çəngəl, qaşıq
los cubiertos
süfrə
el mantel

məzə
la entrada

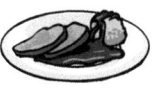

əsas yemək
el plato principal

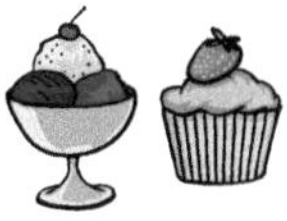

desert
el postre

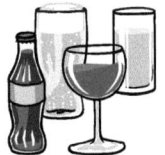

içkilər
las bebidas

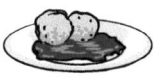

yemək
la comida

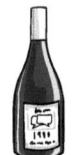

şüşə
la botella

fast food

la comida rápida

küçə yeməkləri

la comida callejera

çaynik

la tetera

qəndqabı

la azucarera

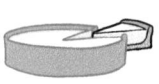

pay

la porción

espresso maşını

la cafetera expreso

hündür uşaq kreslosu

la sillita alta

faktura

la cuenta

nimçə

la bandeja

bıçaq

el cuchillo

çəngəl

el tenedor

qaşıq

la cuchara

çay qaşığı

la cucharita

salfet

la servilleta

şüşə

el vaso

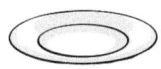

boşqab

el plato

şorba boşqabı

el plato hondo

nəlbəki

el plato

sous

la salsa

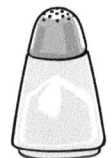

duz qabı

el salero

biberüyüdən

el molinillo de pimienta

sirkə

el vinagre

duru yağ

el aceite

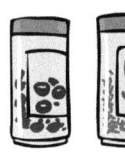

ədviyyat

las especias

ketçup

el kétchup

xardal

la mostaza

mayonez

la mayonesa

supermarket

el supermercado

xüsusi təklif
la oferta especial
müştəri
el cliente
süd məhsulları
los lácteos
FOR
meyvə
la fruta
alış-veriş arabası
el changuito

BUTCHERS

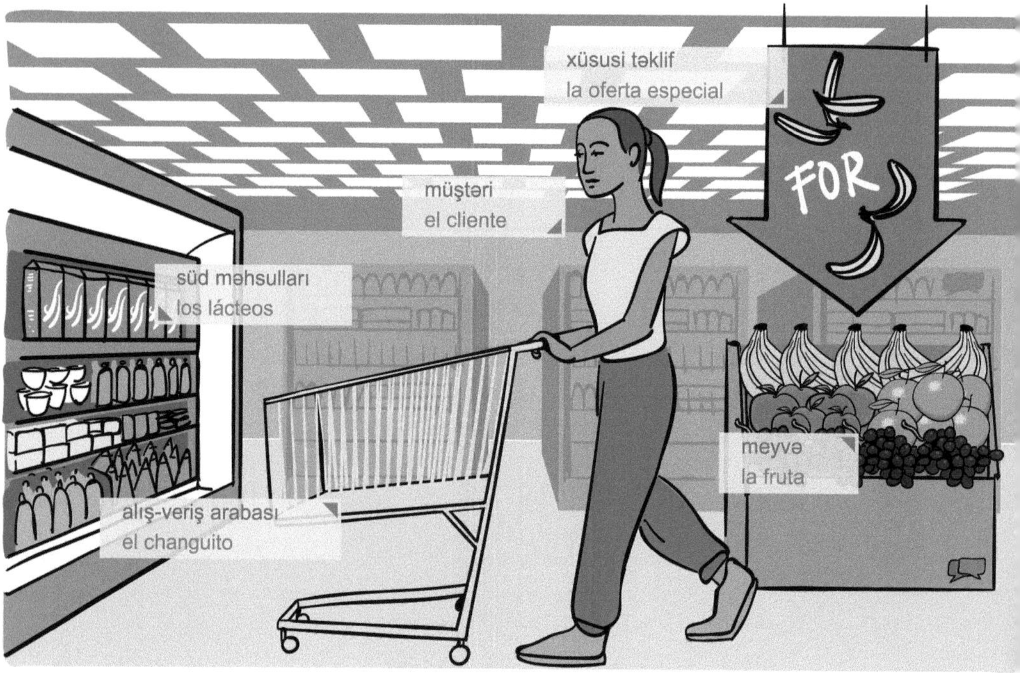

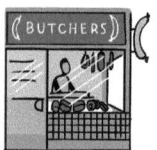

qəssab dükanı

la carnicería

BAKERY

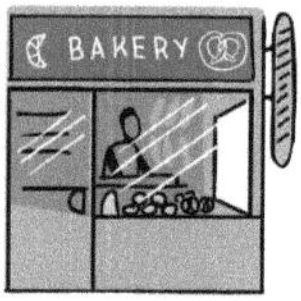

çörəkçi

la panadería

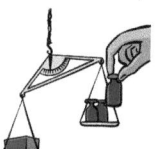

çəkmək

pesar

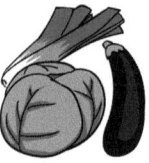

tərəvəz

las verduras

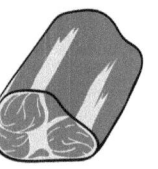

ət

la carne

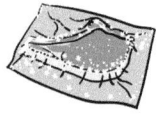

dondurulmuş qida

los alimentos congelados

soyuq ət yeməyi

los fiambres

konservləşdirilmiş qida

los alimentos enlatados

yuyucu toz

el detergente en polvo

şirniyyat

las golosinas

təsərrüfat malları

los electrodomésticos

yuyucu vasitələr

los productos de limpieza

satıcı

la vendedora

kassa

la caja

kassir

el cajero

alış-veriş siyahısı

la lista de compras

iş saatları

el horario de atención

pul kisəsi

la billetera

kredit kartı

la tarjeta de crédito

torba

la cartera

plastik torba

la bolsa de plástico

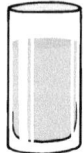

su
el agua

şirə
el jugo

süd
la leche

cola
la bebida cola

şərab
el vino

pivə
la cerveza

alkoqollu içkilər
el alcohol

kakao
el cacao

çay
el té

qəhvə
el café

espresso
el café expreso

kapuçino
el cappuccino

banan

la banana

alma

la manzana

portağal

la naranja

yemiş

el melón

limon

el limón

yerkökü

la zanahoria

sarımsaq

el ajo

bambuq

el bambú

soğan

la cebolla

göbələk

el champiñón

qoz-fındıq

las nueces

əriştə

los fideos

spagetti

los tallarines

düyü

el arroz

salat

la ensalada

cips

las papas fritas

qızardılmış kartof

las papas fritas

pizza

la pizza

hamburger

la hamburguesa

sandviç

el sándwich

eskalop

el churrasco

hisə verilmiş donuz əti

el jamón

salyami

el salame

kolbasa

la salchicha

toyuq

el pollo

qızardılmış ət tikəsi

el asado

balıq

el pescado

yulaf yarması

los copos de avena

müsli

el muesli

partlaq qarğıdalı

los copos de maíz

un

la harina

kruassan

la medialuna

bulka

el pancito

çörək

el pan

tost

la tostada

peçenye

las galletitas

kərə yağı

la manteca

kəsmik

la cuajada

tort

la torta

yumurta

el huevo

qayğanaq

el huevo frito

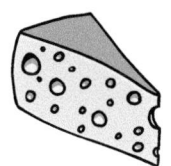

pendir

el queso

yemək - la comida

dondurma

el helado

şəkər

el azúcar

bal

la miel

mürəbbə

la mermelada

şokolad pastası

la pasta de chocolate

köri

el curry

yemək - la comida

ferma
la granja

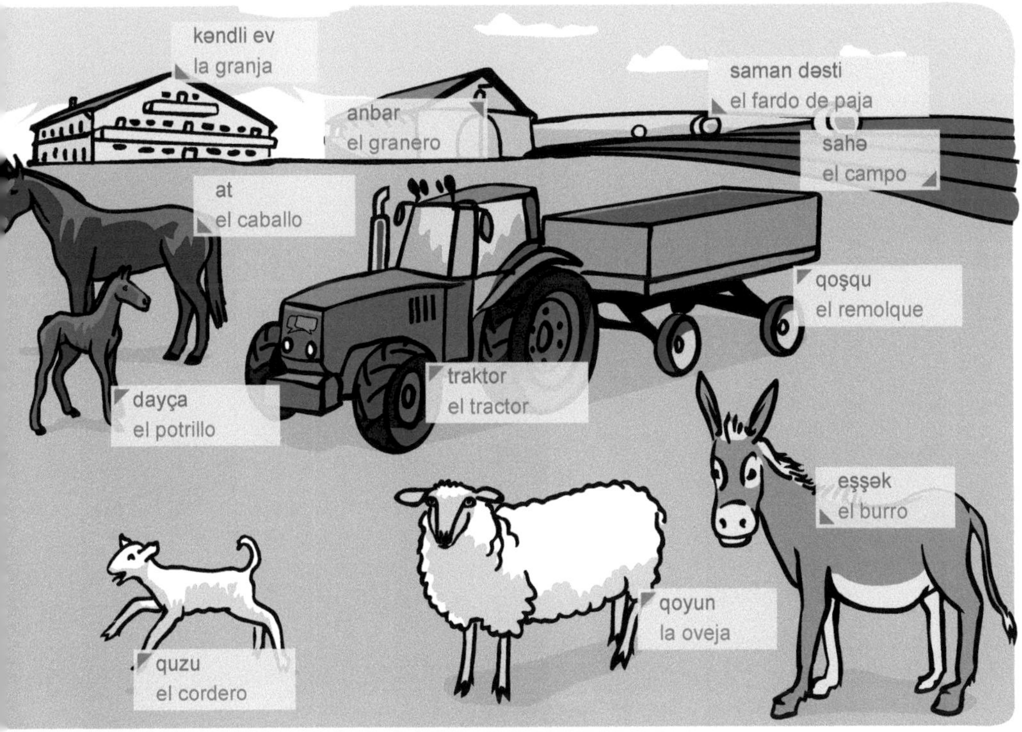
kəndli ev
la granja
anbar
el granero
saman dəsti
el fardo de paja
sahə
el campo
at
el caballo
qoşqu
el remolque
traktor
el tractor
dayça
el potrillo
eşşək
el burro
qoyun
la oveja
quzu
el cordero

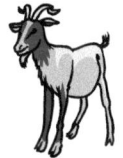

keçi

la cabra

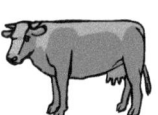

inək

la vaca

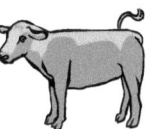

dana

el ternero

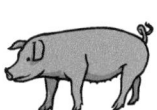

donuz

el cerdo

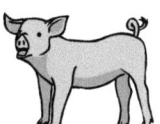

donuz balası

el lechón

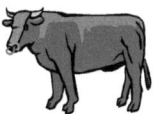

öküz

el toro

qaz

el ganso

ördək

el pato

cücə

el pollo

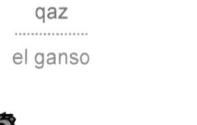

toyuq

la gallina

xoruz

el gallo

siçovul

la rata

pişik

el gato

siçan

el ratón

öküz

el buey

it

el perro

itdamı

la cucha

bağ şlanqı

la manguera

susəpən

la regadera

dəryaz

la guadaña

kotan

el arado

oraq

la hoz

kətman

la azada

yaba

la horquilla

balta

el hacha

əl arabası

la carretilla

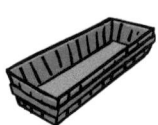

çalov

el abrevadero

süd bidonu

la lechera

çuval

la bolsa

çəpər

la reja

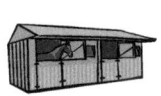

tövlə

el establo

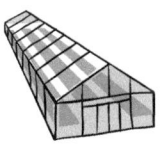

istixana

el invernadero

torpaq

el suelo

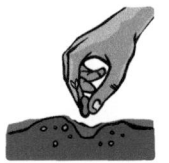

toxum

la semilla

gübrə

el fertilizador

taxılbiçən kombayn

la cosechadora

məhsul yığmaq

cosechar

məhsul yığımı

la cosecha

yam

las batatas

buğda

el trigo

soya

la soja

kartof

la papa

dən

el maíz

raps

la semilla de colza

meyvə ağacı

el árbol frutal

maniok

la mandioca

yarma

los cereales

ev
la casa

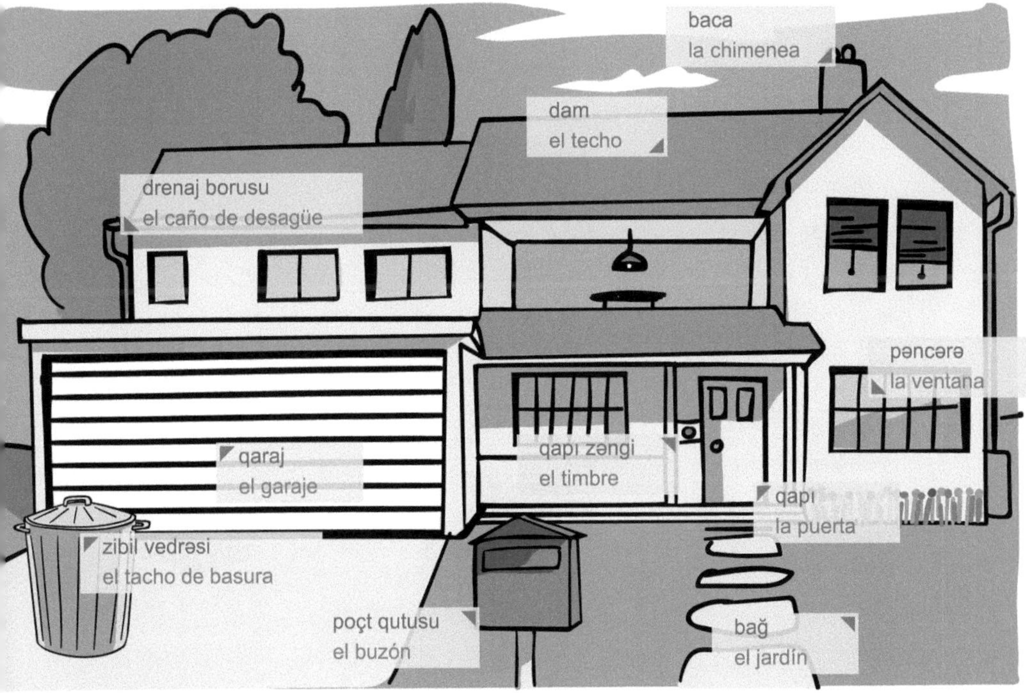

baca
la chimenea
dam
el techo
drenaj borusu
el caño de desagüe
pəncərə
la ventana
qaraj
el garaje
qapı zəngi
el timbre
qapı
la puerta
zibil vedrəsi
el tacho de basura
poçt qutusu
el buzón
bağ
el jardín

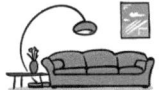

qonaq otağı

el living

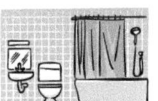

hamam otağı

el baño

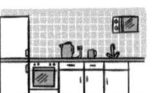

mətbəx

la cocina

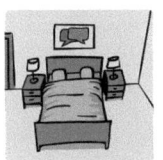

yataq otağı

el dormitorio

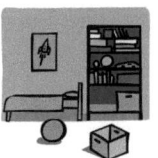

uşaq otaqı

el cuarto de los chicos

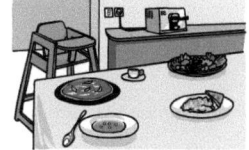

yemək otağı

el comedor

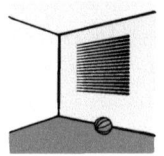

döşəmə

el piso

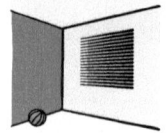

divar

la pared

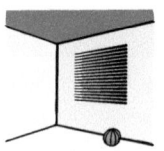

tavan

el cielorraso

zirzəmi

el sótano

sauna

el sauna

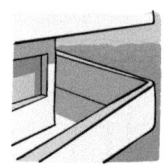

balkon

el balcón

terras

la terraza

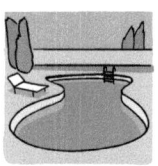

üzgüçülük hovuzu

la pileta

otbiçən maşın

la cortadora de pasto

mələfə

la sábana

yataq örtüyü

el acolchado

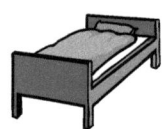

yataq

la cama

süpürgə

la escoba

vedrə

el balde

elektrik açarı

el interruptor

qonaq otağı
el living

divar kağızı
el empapelado
şəkil
la imagen
lampa
la lámpara
rəf
el estante
şkaf
el armario
televiziya
la televisión
buxarı
la chimenea
gül
la flor
yastıq
el almohadón
divan
el sofá
vaza
el florero
uzaqdan idarəetmə
el control remoto

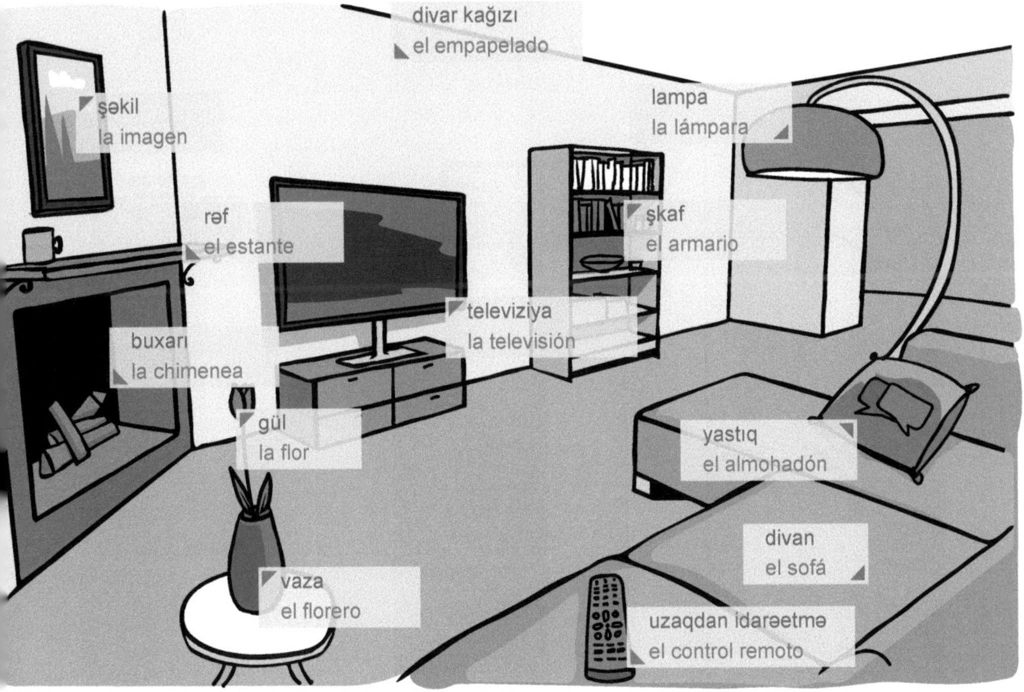

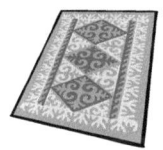

xalça

la alfombra

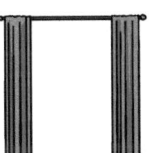

pərdə

la cortina

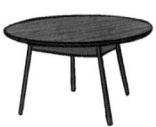

masa

la mesa

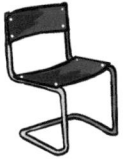

kreslo

la silla

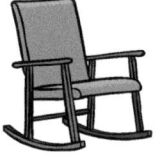

yırğalanan stul

la mecedora

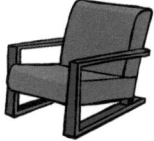

kreslo

el sillón

kitab
el libro

yorğan
la frazada

bəzək
la decoración

odun
la leña

film
la película

stereo səs sistemi
el equipo de música

açar
la llave

qəzet
el diario

rəsm əsəri
la pintura

plakat
el póster

radio
la radio

bloknot
el cuaderno

tozsoran
la aspiradora

kaktus
el cactus

şam
la vela

mətbəx
la cocina

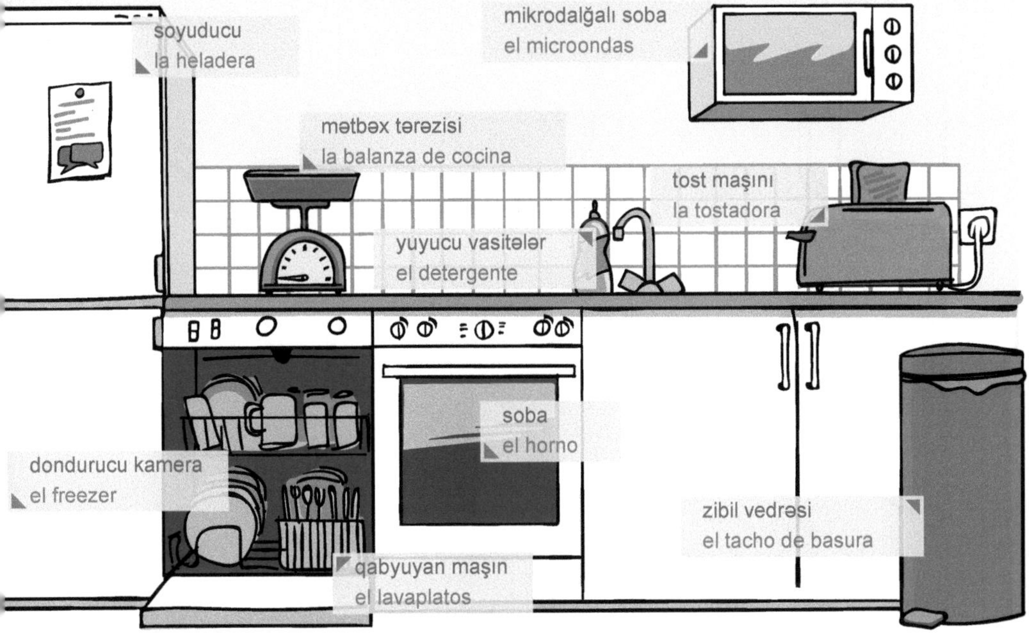

soyuducu
la heladera
mikrodalğalı soba
el microondas
mətbəx tərəzisi
la balanza de cocina
tost maşını
la tostadora
yuyucu vasitələr
el detergente
soba
el horno
dondurucu kamera
el freezer
zibil vedrəsi
el tacho de basura
qabyuyan maşın
el lavaplatos

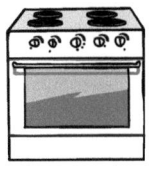

soba

la cocina

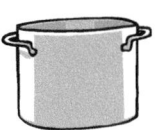

qazan

la olla

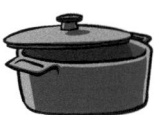

çuqun qazan

la olla de hierro fundido

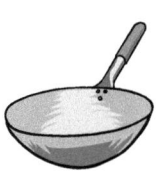

vok / kadai

el wok

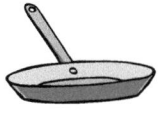

tava

la sartén

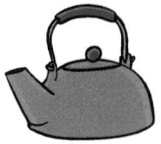

çaydan

la pava

buxar qazanı

la vaporera

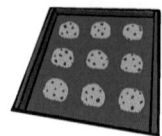

sac

la bandeja de horno

qab

la vajilla

fincan

la taza

ləyən

el bol

yemək üçün çubuqlar

los palitos

çömçə

el cucharón

spatula

la espátula

çırpıcı

la batidora

süzgəc

el colador

ələk

el colador

sürtgəc

el rallador

həvəngdəstə

el mortero

barbekyu

la parrilla

ocaq

la fogata

doğrama taxtası

la tabla de picar

oxlov

el palo de amasar

probkaçıxaran

el sacacorchos

banka

la lata

bankaağzıaçan

el abrelatas

qabtutan

la manopla

əl üz yuyan

la pileta

fırça

el cepillo

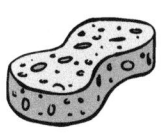

süngər

la esponja

blender

la batidora

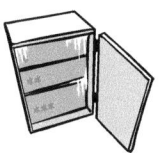

dondurucu

el congelador

körpə şüşəsi

la mamadera

kran

la canilla

mətbəx - la cocina

hamam otağı

el baño

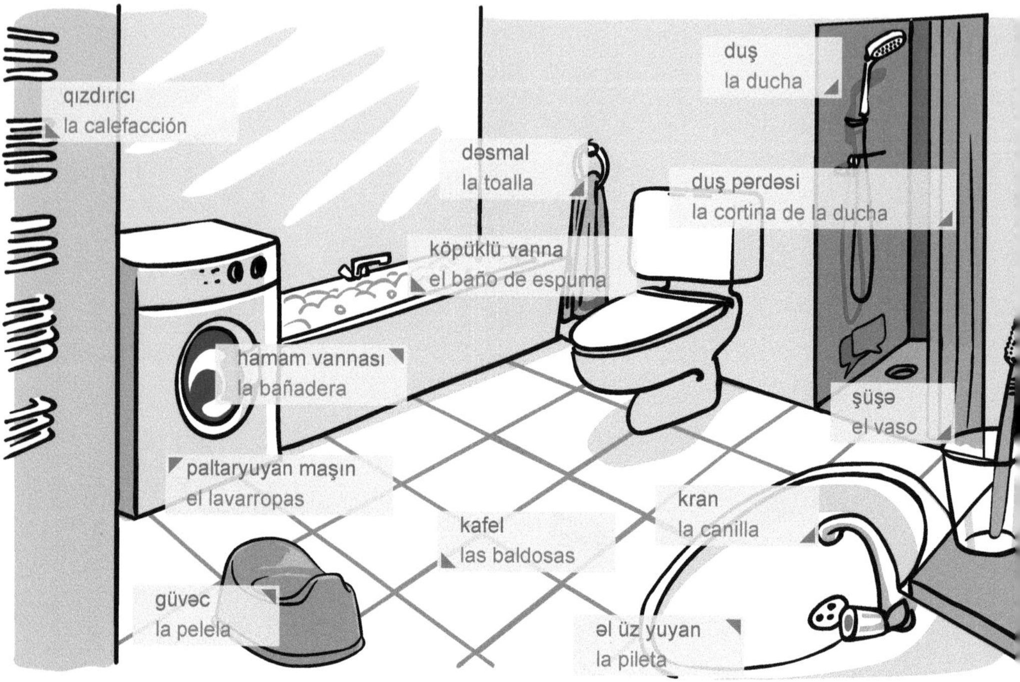

qızdırıcı
la calefacción
dəsmal
la toalla
duş
la ducha
duş pərdəsi
la cortina de la ducha
köpüklü vanna
el baño de espuma
hamam vannası
la bañadera
şüşə
el vaso
paltaryuyan maşın
el lavarropas
kran
la canilla
kafel
las baldosas
güvəc
la pelela
əl üz yuyan
la pileta

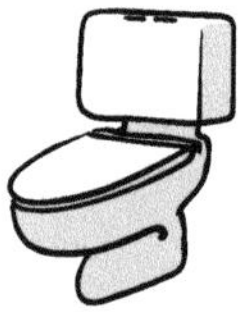

tualet

el inodoro

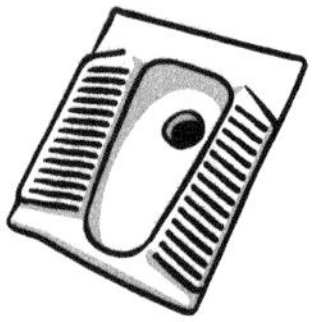

çömbəlmə tualet

la letrina

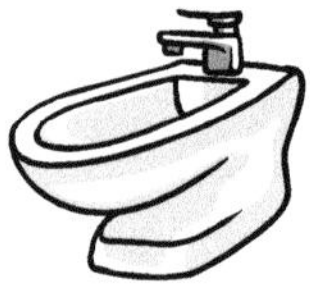

bide

el bidé

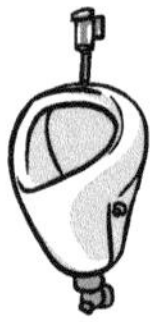

urinal

el mingitorio

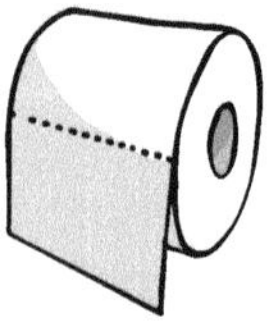

tualet kağızı

el papel higiénico

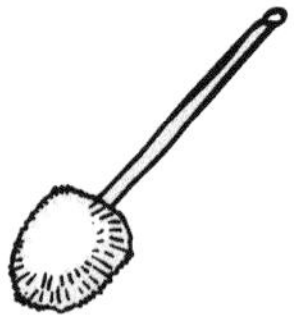

tualet fırçası

el cepillo para el inodoro

diş fırçası

el cepillo de dientes

diş pastası

el dentífrico

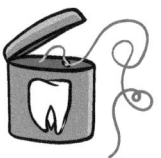

diş ipi

el hilo dental

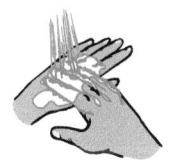

yumaq

lavar

əl duşu

la ducha de mano

intim duş

la ducha higiénica

taz

la palangana

bel fırçası

el cepillo para la espalda

sabun

el jabón

duş üçün gel

el gel de ducha

şampun

el shampoo

əsgi

la toallita

drenaj

el desagüe

krem

la crema

dezodorant

el desodorante

güzgü

el espejo

əl güzgüsü

el espejito

ülgüc

la maquinita de afeitar

üz qırxmaq üçün köpük

la espuma de afeitar

təraşdan sonra su

el aftershave

daraq

el peine

fırça

el cepillo

fen

el secador de pelo

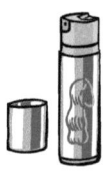

saç spreyi

el spray

makiyaj

el maquillaje

dodaq boyası

el lápiz de labios

dırnaq lakı

el esmalte para uñas

pambıq

el algodón

dırnaq qayçısı

la tijera para uñas

ətir

el perfume

gigiyenik torba

el portacosméticos

kətil

la banqueta

tərəzi

la balanza

hamam xalatı

la bata

rezin əlcək

los guantes de goma

tampon

el tampón

gigiyenik salfet

la toallita femenina

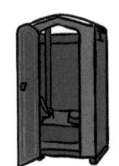

kimyəvi tualet

el baño químico

uşaq otaqı
el cuarto de los chicos

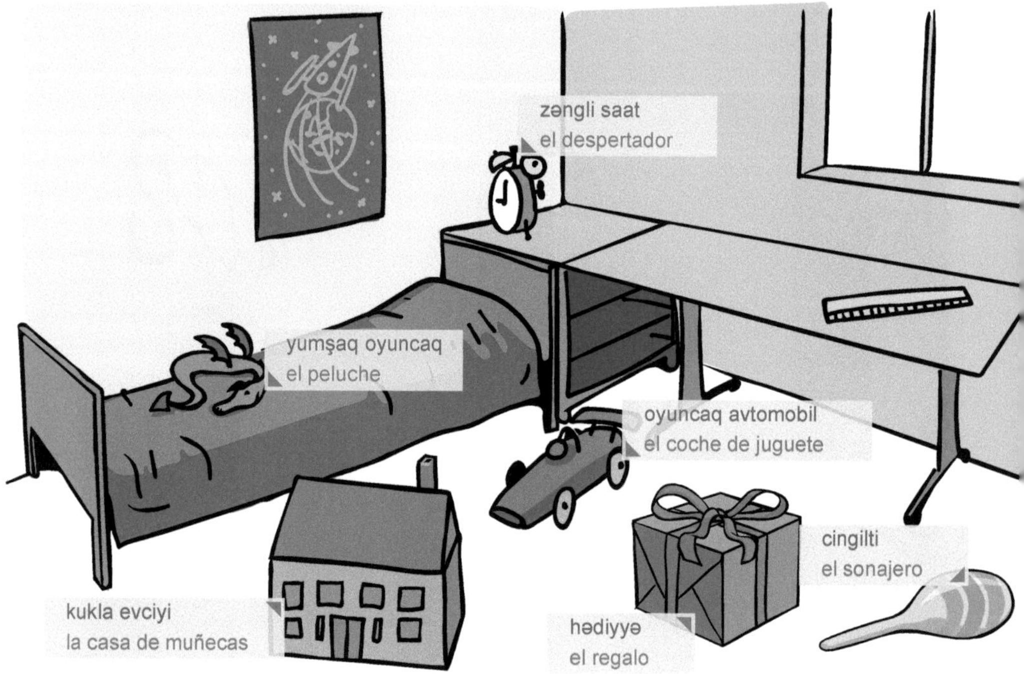
zəngli saat
el despertador
yumşaq oyuncaq
el peluche
oyuncaq avtomobil
el coche de juguete
cingilti
el sonajero
kukla evciyi
la casa de muñecas
hədiyyə
el regalo

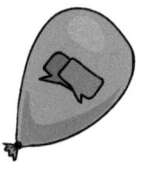

balon
el globo

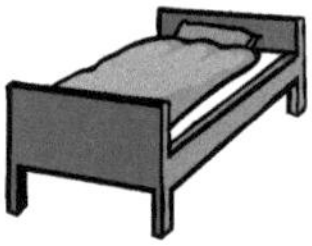

yataq
la cama

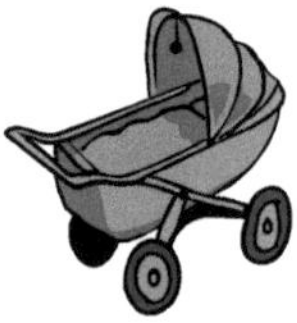

uşaq arabası
el cochecito

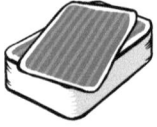

kart dəsti
las cartas

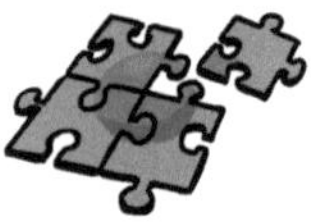

elektrik mişarı
el rompecabezas

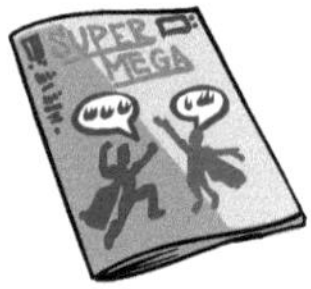

komik
la historieta

leqo kərpici

las piezas de lego

konstruktor blokları

los ladrillos de juguete

oyuncaq-personaj

la figura de acción

yeni doğulmuş körpələr üçün geyimi

el enterito (de bebé)

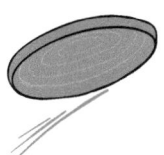

frisbi

el frisbee

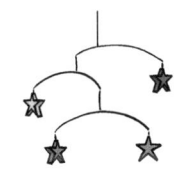

yataq üstünə asılan körpə oyuncağı

el móvil para bebés

masaüstü oyun

el juego de mesa

zər

los dados

oyuncaq qatar

el tren eléctrico

emzik

el chupete

qonaqlıq

la fiesta

rəsmli kitab

el libro de cuentos ilustrado

top

la pelota

kukla

la muñeca

oynamaq

jugar

qum qutusu

el arenero

yellǝncǝk

la hamaca

oyuncaqlar

los juguetes

video oyun konsolu

la consola de videojuegos

üç tǝkǝrli velosiped

el triciclo

plüşdǝn hazırlanmış
oyuncaq ayı

el osito de peluche

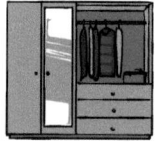

şkaf

el armario

geyim

la ropa

corab

las medias

corab

las medias panty

kalqotka

las calzas

kaşne
la bufanda

çətir
el paraguas

kəmər
el cinturón

t-shirt
la remera

idman ayaqqabısı
las zapatillas

çəkmə
las botas

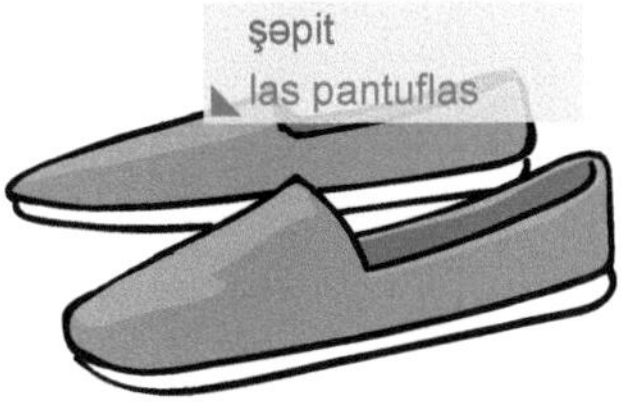

şəpit
las pantuflas

sandallar
las sandalias

ayaqqabı
los zapatos

rezin çəkmələr
las botas de goma

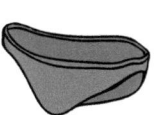

dizlik
la ropa interior

lifçik
el corpiño

alt köynəyi
el chaleco

alt paltarı

el body

şalvar

los pantalones

cins

los jeans

yubka

la pollera

bluza

la blusa

köynək

la camisa

sviter

el pulóver

başlıqlı idman gödəkçəsi

el buzo

gödəkçə

el blazer

gödəkcə

la campera

pencək

el tapado

plaş

el piloto

kostyum

el traje

paltar

el vestido

gəlin paltarı

el vestido de novia

kostyum

el traje

gecə köynəyi

el camisón

pijama

el pijama

sari

el sari

hicab / eşarp

el pañuelo para la cabeza

çalma

el turbante

burka

la burka

kaftan

el caftán

abaya

la abaya

çimərlik geyimi

el traje de baño

tumuş

el short de baño

şort

los shorts

məşq kostyumu

el jogging

önlük

el delantal

əlcək

los guantes

düymə

el botón

eynək

los anteojos

bilərzik

la pulsera

boyunbağı

el collar

üzük

el anillo

sırğa

el aro

papaq

la gorra

asılqan

la percha

papaq

el sombrero

qalstuk

la corbata

zəncirbənd

el cierre

dəbilqə

el casco

aşırma

los tiradores

məktəb uniforması

el uniforme escolar

uniforma

el uniforme

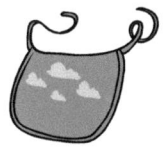

döşlük

el babero

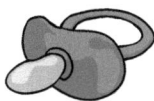

emzik

el chupete

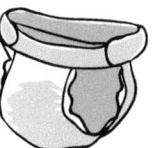

körpə bezi

el pañal

ofis

la oficina

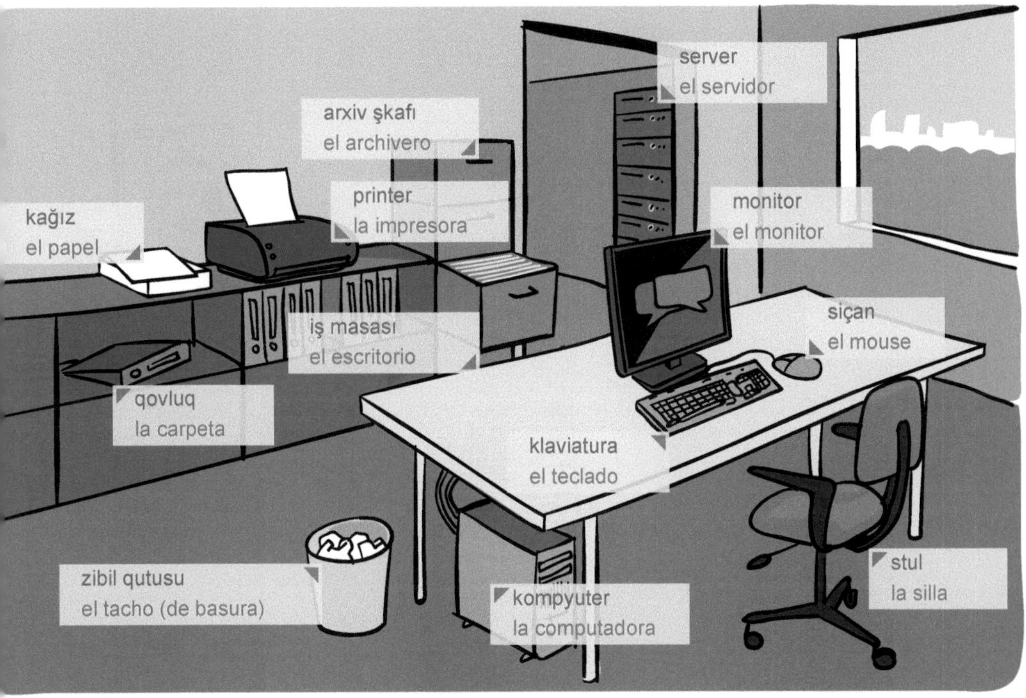

server
el servidor
arxiv şkafı
el archivero
printer
la impresora
kağız
el papel
monitor
el monitor
siçan
el mouse
iş masası
el escritorio
qovluq
la carpeta
klaviatura
el teclado
stul
la silla
zibil qutusu
el tacho (de basura)
kompyuter
la computadora

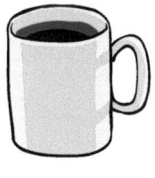

qəhvə fincanı

la taza de café

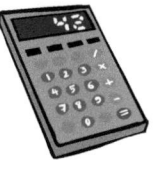

kalkulyator

la calculadora

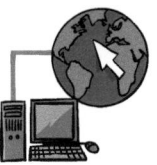

internet

el internet

laptop
la laptop

məktub
la carta

mesaj
el mensaje

mobil telefon
el celular

şəbəkə
la red

surətçıxaran maşın
la fotocopiadora

proqram təminatı
el software

telefon
el teléfono

ştepsel
el tomacorriente

faks
el fax

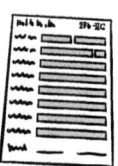

forma
el formulario

sənəd
el documento

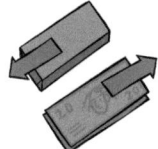

satın almaq

comprar

ödəmək

pagar

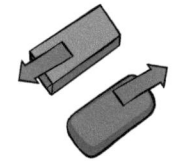

alverlə məşğul olmaq

hacer negocios

pul

el dinero

dollar

el dólar

avro

el euro

yen

el yen

rubl

el rublo

frank

el franco suizo

renminbi yuan

el yuan

rupi

la rupia

bankomat

el cajero automático

valyuta mübadiləsi
məntəqəsi

la casa de cambio

qızıl

el oro

gümüş

la plata

neft

el petróleo

enerji

la energía

qiymət

el precio

müqavilə

el contrato

vergi

el impuesto

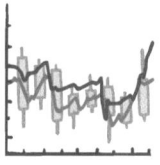

səhm

la acción

işləmək

trabajar

işçi

el empleado

işəgötürən

el empleador

fabrik

la fábrica

dükan

el negocio

peşə

las ocupaciones

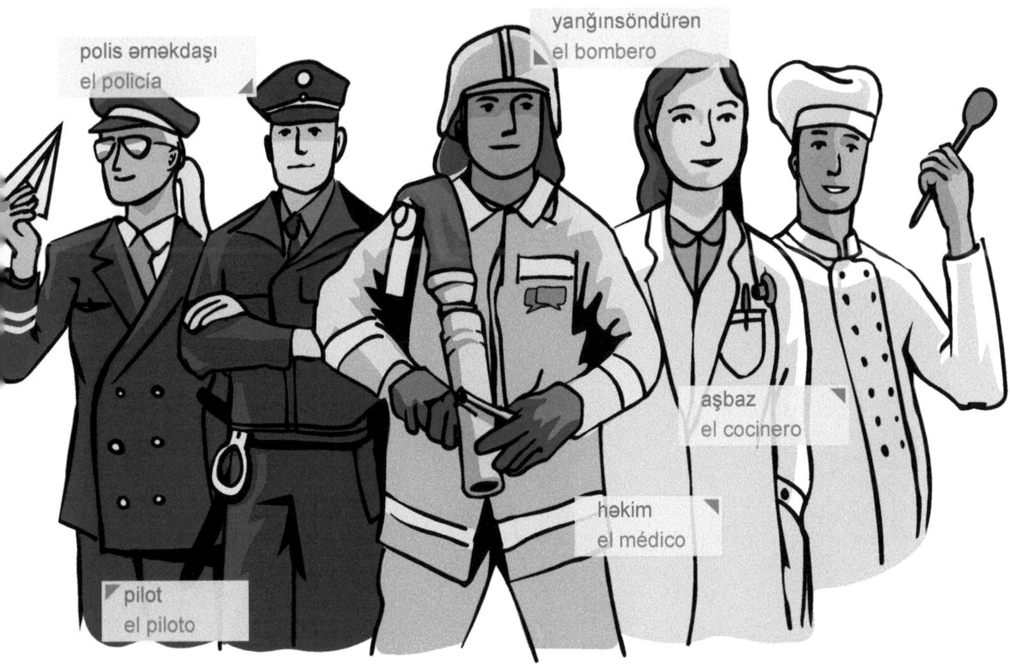

polis əməkdaşı
el policía
yanğınsöndürən
el bombero
aşbaz
el cocinero
həkim
el médico
pilot
el piloto

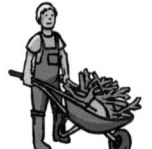

bağban

el jardinero

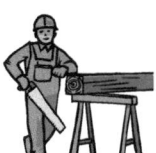

dülgər

el carpintero

dərzi

la modista

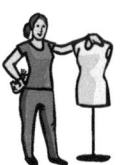

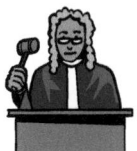

hakim

el juez

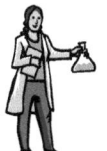

kimyaçı

el farmacéutico

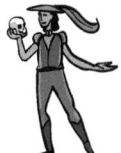

aktyor

el actor

avtobus sürücüsü

el colectivero

taksi sürücüsü

el taxista

balıqçı

el pescador

xadimə

la mucama

dam işçisi

el techista

ofisiant

el mozo

ovçu

el cazador

rəssam

el pintor

çörəkçi

el panadero

elektrik ustası

el electricista

inşaat işçisi

el albañil

mühəndis

el ingeniero

qəssab

el carnicero

santexnik

el plomero

poçtalyon

el cartero

əsgər
el soldado

memar
el arquitecto

kassir
el cajero

gül-çiçək satıcısı
el florista

bərbər
el peluquero

konduktor
el cobrador

mexanik
el mecánico

kapitan
el capitán

diş həkimi
el dentista

alim
el científico

ravvin
el rabino

imam
el imán

rahib
el monje

keşiş
el sacerdote

alətlər
las herramientas

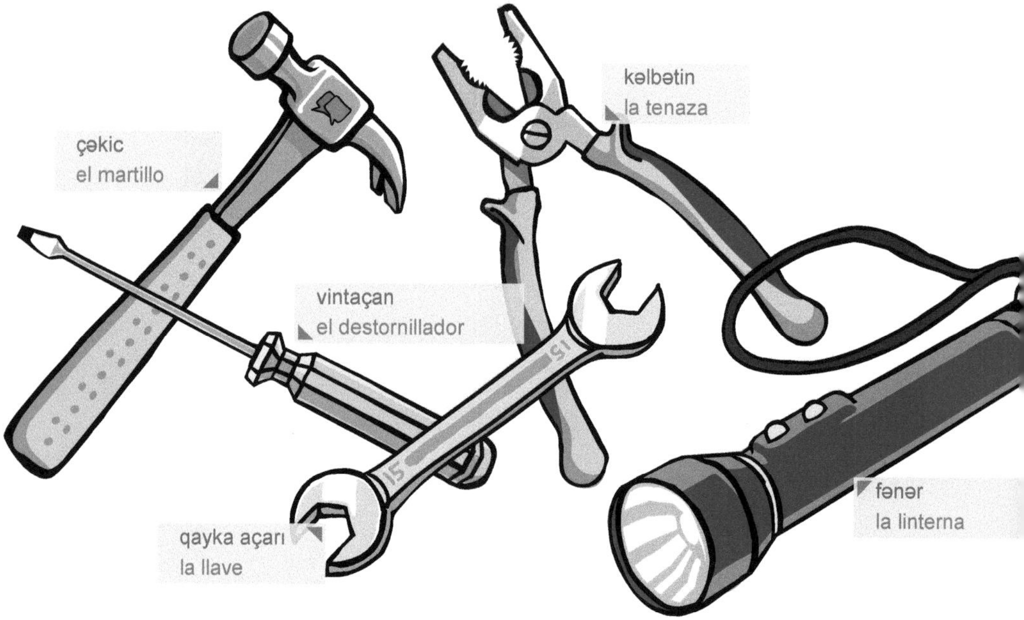
kəlbətin
la tenaza
çəkic
el martillo
vintaçan
el destornillador
fənər
la linterna
qayka açarı
la llave

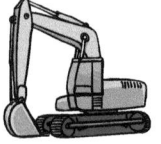

ekskavator

la excavadora

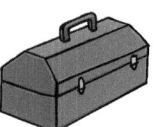

alətlər qutusu

la caja de herramientas

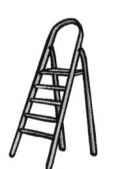

nərdivan

la escalera portátil

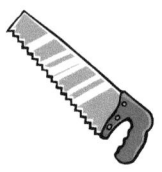

mişar

la sierra

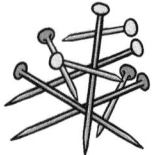

dırnaqlar

los clavos

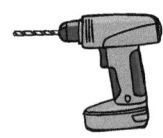

drel

el taladro

təmir etmək

arreglar

kürək

la pala de jardín

Lənət olsun!

¡Qué bronca!

xəkəndaz

la pala de plástico

boya vedrəsi

el tacho de pintura

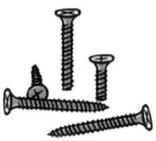

vintlər

los tornillos

musiqi alətləri

los instrumentos musicales

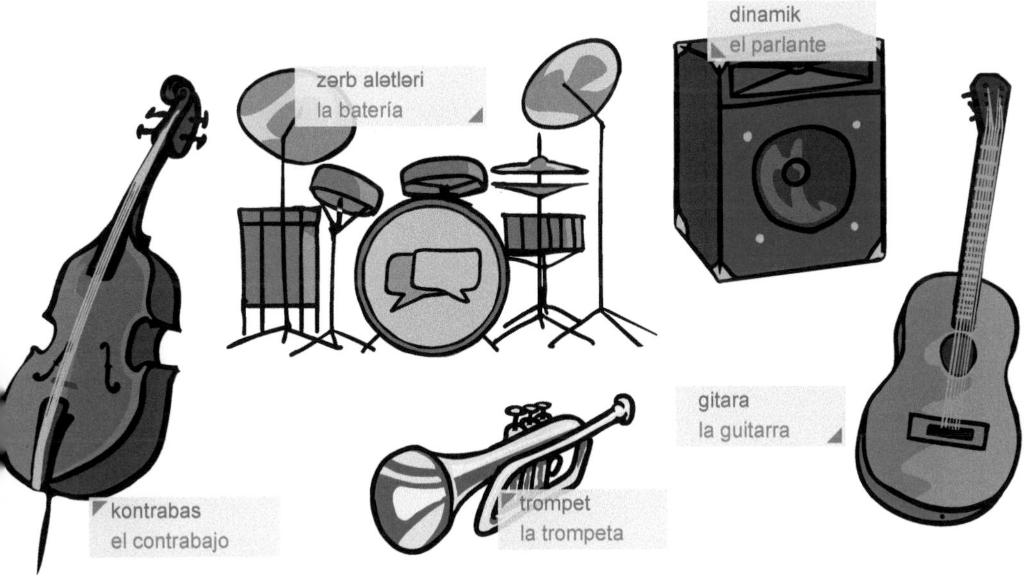

dinamik
el parlante

zərb alətləri
la batería

gitara
la guitarra

kontrabas
el contrabajo

trompet
la trompeta

fortepiano

el piano

skripka

el violín

bas

el bajo

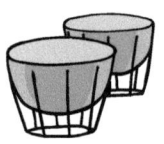

timpani

los timbales

nağara

el tambor

sintezator

el teclado

saksafon

el saxofón

fleyta

la flauta

mikrofon

el micrófono

zoopark
el zoológico

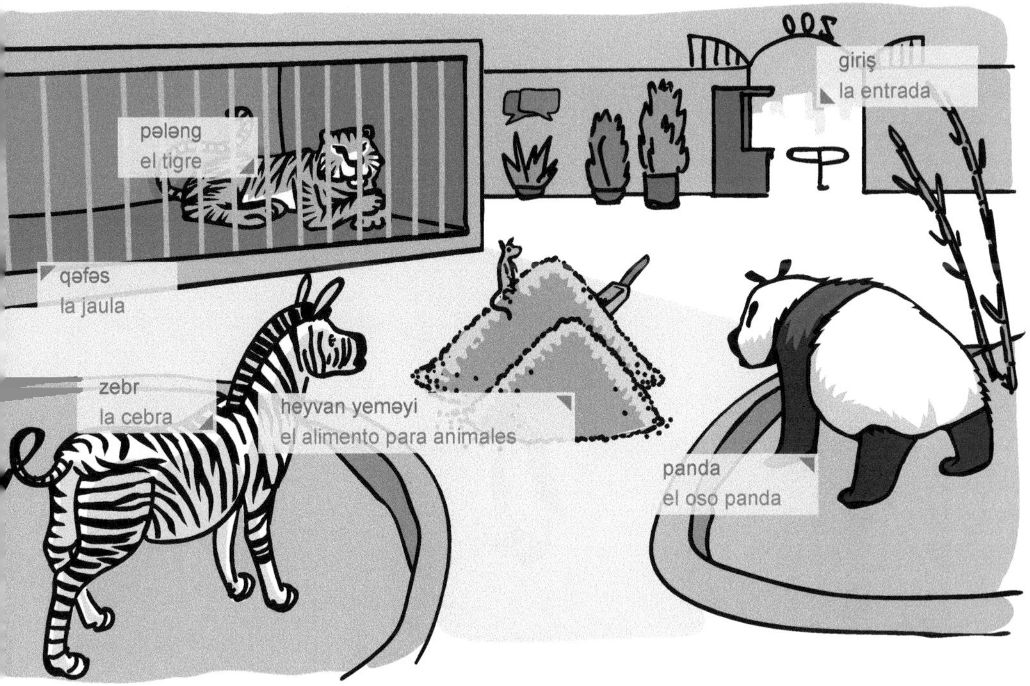

pələng
el tigre
giriş
la entrada
qəfəs
la jaula
zebr
la cebra
heyvan yeməyi
el alimento para animales
panda
el oso panda

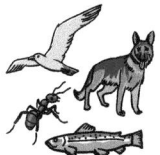

heyvanlar
los animales

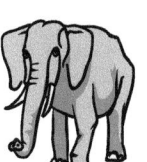

fil
el elefante

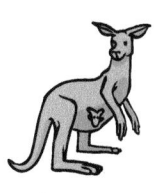

kenquru
el canguro

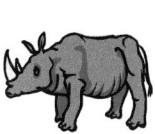

kərgədan
el rinoceronte

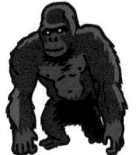

qorilla
el gorila

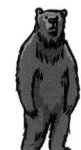

ayı
el oso

dəvə

el camello

dəvəquşu

el avestruz

aslan

el león

meymun

el mono

flamingo

el flamenco

tutuquşu

el loro

qütb ayısı

el oso polar

pinqvin

el pingüino

köpəkbalığı

el tiburón

tovuz

el pavo real

ilan

la serpiente

timsah

el cocodrilo

zoopark işçisi

el cuidador del zoológico

suiti

la foca

yaquar

el jaguar

poni
el poni

bəbir
el leopardo

hippopotam
el hipopótamo

zürafə
la jirafa

qartal
el águila

qaban
el jabalí

balıq
el pescado

tısbağa
la tortuga

morj
la morsa

tülkü
el zorro

ceyran
la gacela

amerikan futbolu
el fútbol americano

velosiped sürmək
el ciclismo

tennis
el tenis

basketbol
el básquet

üzgüçülük
la natación

boks
el boxeo

buz xokkeyi
el hockey sobre hielo

futbol
el fútbol

badminton
el bádminton

yüngül atletika
el atletismo

həndbol
el handball

xizək
el esquí

polo
el polo

fəaliyyət
las actividades

tullanmaq
saltar
qucaqlaşmaq
abrazar
gülmək
reír
getmək
caminar
oxumaq
cantar
yuxu qörmək
soñar
dua etmək
rezar
öpüşmək
besar

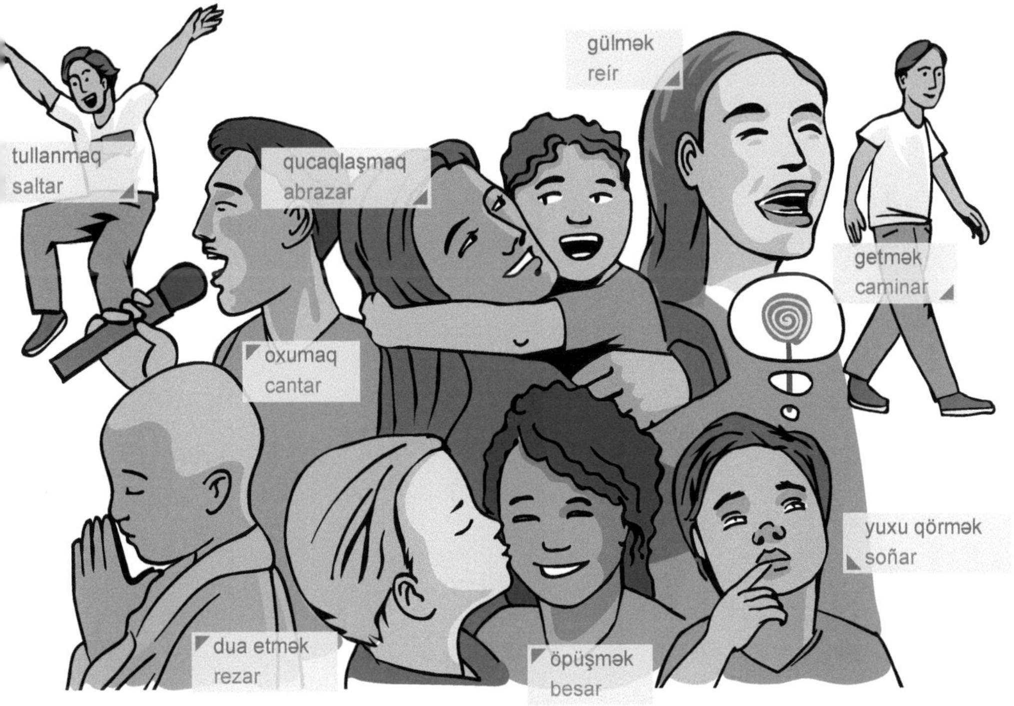

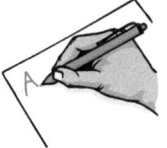

yazmaq

escribir

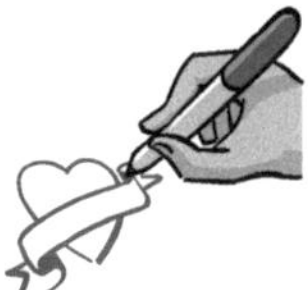

çəkmək

dibujar

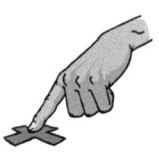

göstərmək

mostrar

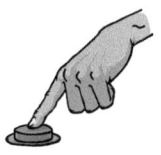

itələmək

presionar

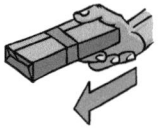

vermək

dar

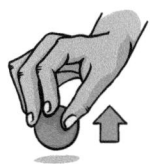

götürmək

tomar

sahibi olmaq

tener

etmək

hacer

olmaq

ser

durmaq

estar parado

qaçmaq

correr

çəkmək

tirar

atmaq

tirar

düşmək

caer

uzanmaq

estar acostado

gözləmək

esperar

daşımaq

llevar

oturmaq

estar sentado

geyinmək

vestirse

yatmaq

dormir

ayılmaq

despertar

baxmaq

mirar

ağlamaq

llorar

sığallamaq

acariciar

daramaq

peinar

danışmaq

hablar

anlamaq

entender

soruşmaq

preguntar

dinləmək

escuchar

içmək

beber

yemək

comer

təmizləmək

ordenar

sevmək

amar

bişirmək

cocinar

sürmək

manejar

uçmaq

volar

üzmək

navegar

hesablamaq

calcular

oxumaq

leer

öyrənmək

aprender

işləmək

trabajar

evlənmək

casarse

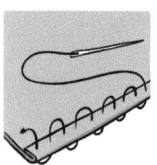

tikmək

coser

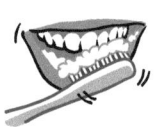

dişləri təmizləmək

cepillarse los dientes

öldürmək

matar

siqaret çəkmək

fumar

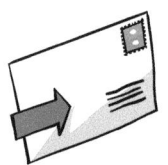

göndərmək

enviar

ailə
la familia

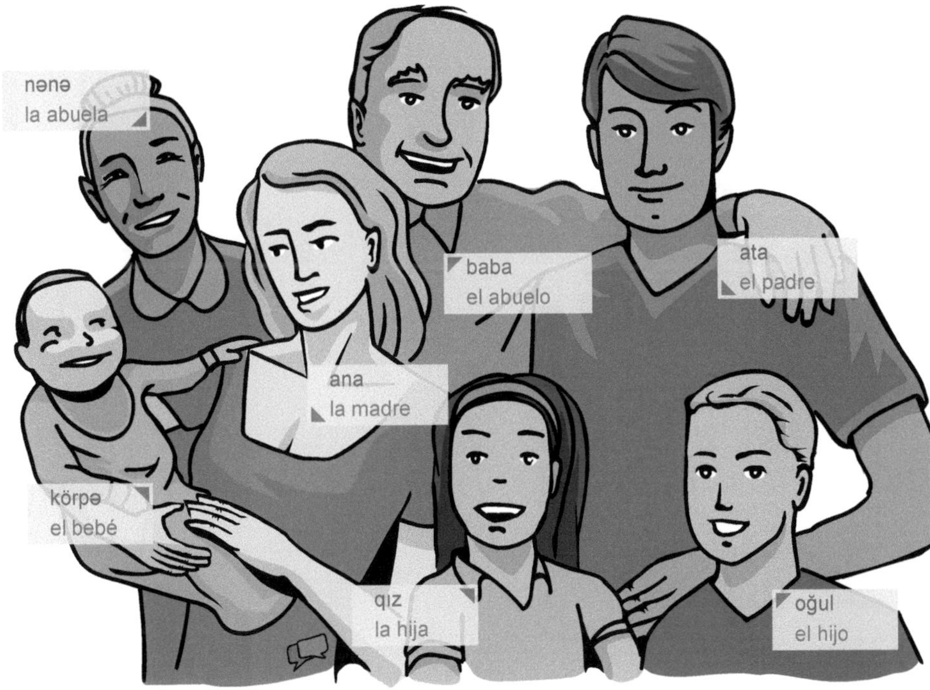

nənə
la abuela
baba
el abuelo
ata
el padre
ana
la madre
körpə
el bebé
qız
la hija
oğul
el hijo

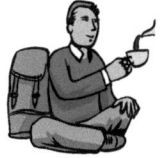

qonaq

el invitado

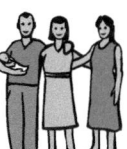

xala/bibi

la tía

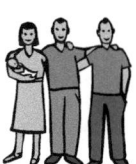

əmi/dayı

el tío

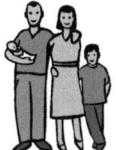

qardaş

el hermano

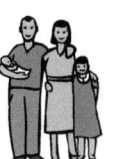

bacı

la hermana

bədən

el cuerpo

alın
la frente
göz
el ojo
çiyin
el hombro
barmaq
el dedo
üz
la cara
buxaq
la pera
əl
la mano
ayaq
la pierna
döş
el pecho
qol
el brazo

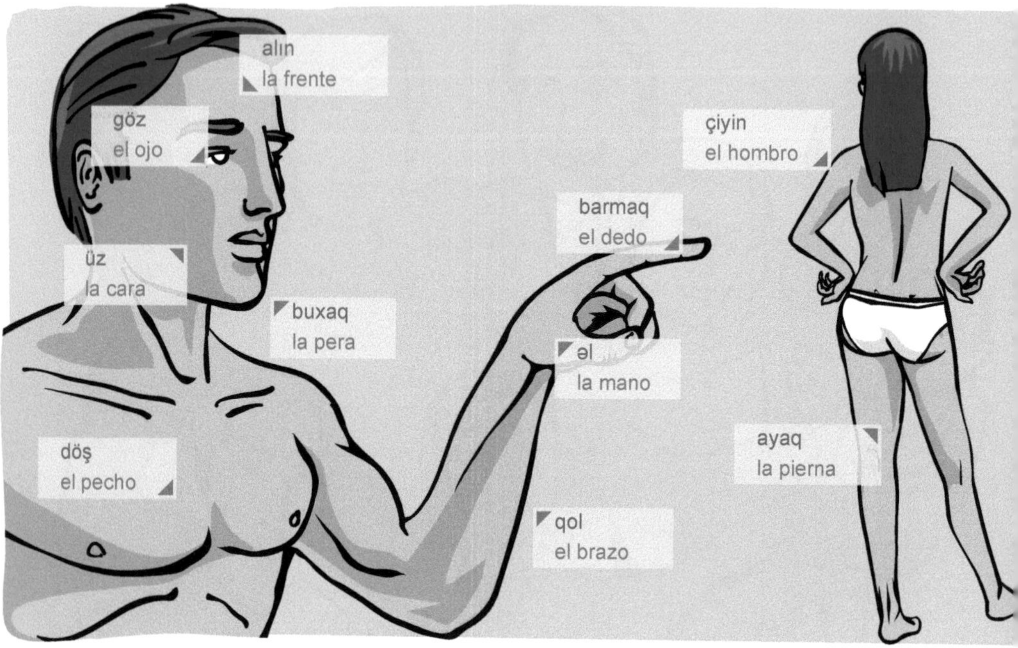

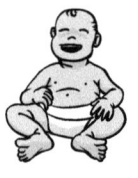

körpə

el bebé

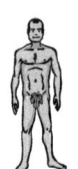

kişi

el hombre

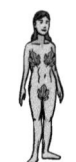

qadın

la mujer

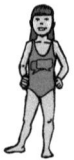

qız

la nena

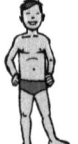

oğlan

el nene

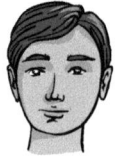

baş

la cabeza

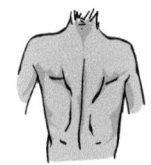

bel

la espalda

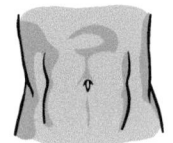

qarın

la panza

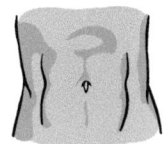

göbək

el ombligo

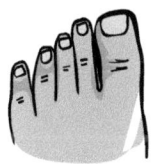

ayaq barmağı

el dedo del pie

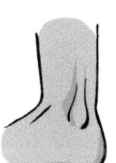

daban

el talón

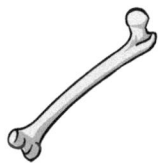

sümük

el hueso

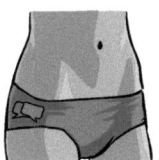

bud

la cadera

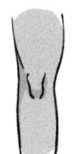

diz

la rodilla

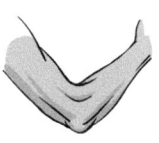

dirsək

el codo

burun

la nariz

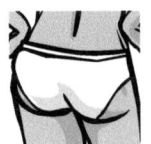

sağrı

la cola

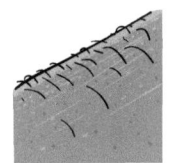

dəri

la piel

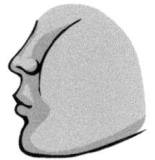

yanaq

el cachete

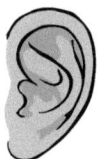

qulaq

la oreja

dodaq

el labio

ağız
....
la boca

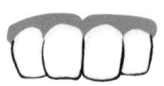

diş
....
el diente

dil
....
la lengua

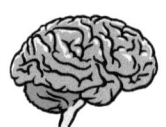

beyin
....
el cerebro

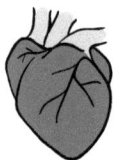

ürək
....
el corazón

əzələ
....
el músculo

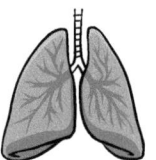

ağciyər
....
el pulmón

qaraciyər
....
el hígado

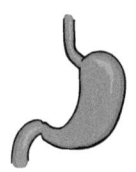

mədə
....
el estómago

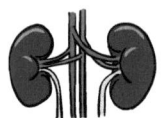

böyrəklər
....
los riñones

cinsi yaxınlıq
....
el sexo

kondom
....
el preservativo

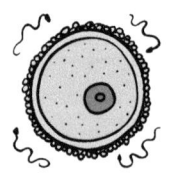

qadın cinsi hüceyrə
....
el óvulo

sperma
....
el semen

hamiləlik
....
el embarazo

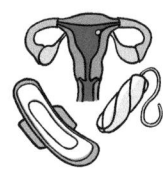

aybaşı
la menstruación

vagina
la vagina

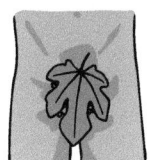

penis
el pene

qaş
la ceja

saç
el pelo

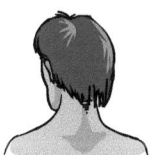

boyun
el cuello

xəstəxana
el hospital

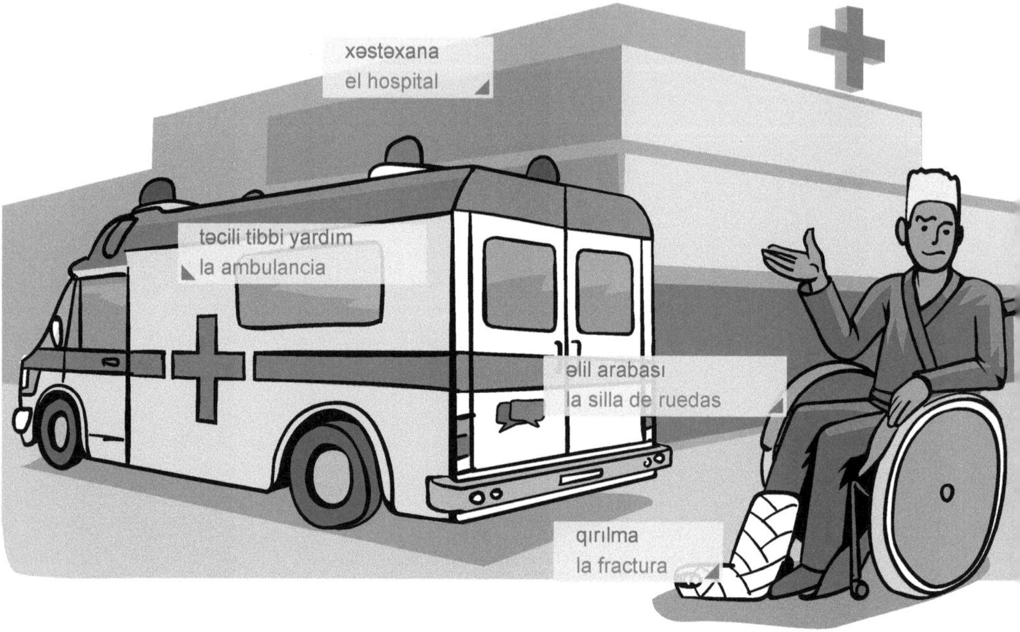

xəstəxana
el hospital
təcili tibbi yardım
la ambulancia
əlil arabası
la silla de ruedas
qırılma
la fractura

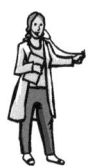

həkim

el médico

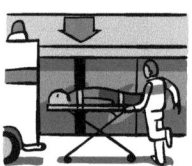

reanimasiya şöbəsi

la sala de guardia

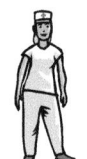

tibb bacısı

la enfermera

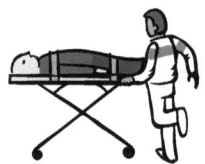

fövqəladə hallar

la emergencia

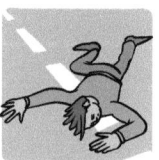

huşunu itirmiş

inconsciente

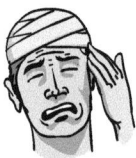

ağrı

el dolor

zədə

la lesión

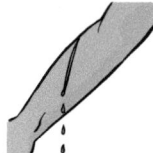

qanaxma

la hemorragia

infarkt

el infarto

insult

el ACV

allergiya

la alergia

öskürək

la tos

qızdırma

la fiebre

qrip

la gripe

ishal

la diarrea

başağrısı

el dolor de cabeza

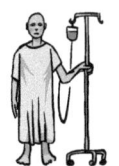

xərçəng

el cáncer

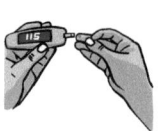

şəkərli diabet

la diabetes

cərrah

el cirujano

neştər

el bisturí

əməliyyat

la operación

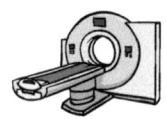

CT
la TC

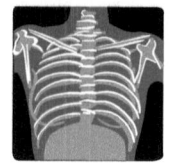

rentgen
los rayos x

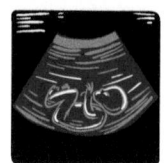

ultrasəs
la ecografía

maska
el barbijo

xəstəlik
la enfermedad

gözləmə otağı
la sala de espera

qoltuqağacı
la muleta

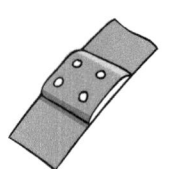

plaster
la curita

sarğı
la venda

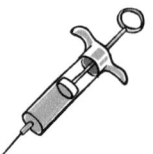

inyeksiya
la inyección

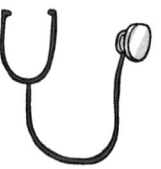

steteskop
el estetoscopio

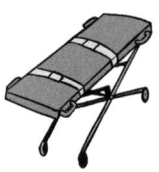

xərək
la camilla

hərarətölçən
el termómetro

doğum
el nacimiento

çəki artıqlığı
el sobrepeso

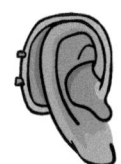

eşitmə aparatı

el audífono

dezinfeksiyaedici

el desinfectante

infeksiya

la infección

virus

el virus

QİÇS

el VIH / SIDA

tibb

el remedio

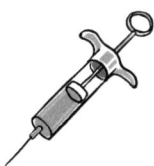

peyvənd

la vacunación

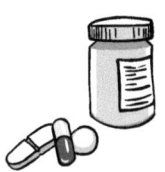

həblər

los comprimidos

həb

la pastilla anticonceptiva

təcili zəng

la llamada de emergencia

qan təzyiqini ölçmək üçün cihaz

el tensiómetro

xəstə / sağlam

enfermo / sano

Kömək edin!

¡Ayuda!

həyəcan siqnalı

la alarma

basqın

la agresión

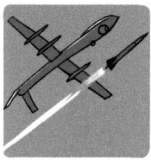

hücum

el ataque

təhlükə

el peligro

ehtiyat çıxışı

la salida de emergencia

Yanğın!

¡Fuego!

odsöndürən

el matafuego

qəza

el accidente

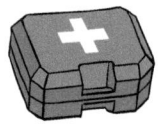

ilkin yardım qutus

el botiquín de primeros
auxilios

SOS

el SOS

polis

la policía

Avropa

Europa

Şimali Amerika

América del Norte

Cənubi Amerika

América del Sur

Afrika

África

Asiya

Asia

Avstraliya

Australia

Atlantik

el Atlántico

Sakit Okean

el Pacífico

Hind okeanı

el Océano Índico

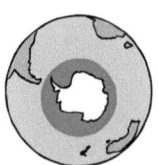

Antarktika Okeanı

el Océano Antártico

Şimal Buzlu okeanı

el Océano Ártico

Şimal qütbü

el polo norte

Cənub qütbü
el polo sur

Antarktika
la Antártida

Yer kürəsi
la Tierra

ölkə
la tierra

dəniz
el mar

ada
la isla

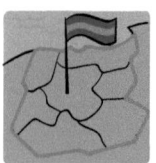

millət
la nación

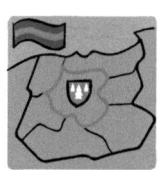

dövlət
el estado

siferblat

la esfera

saat əqrəbi

la manecilla de las horas

dəqiqə əqrəbi

el minutero

saniyə əqrəbi

el segundero

Saat neçədir?

¿Qué hora es?

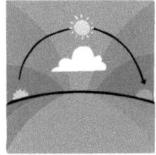

gün

el día

vaxt

la hora

indi

ahora

rəqəmsal saat

el reloj digital

dəqiqə

el minuto

saat

la hora

həftə
la semana

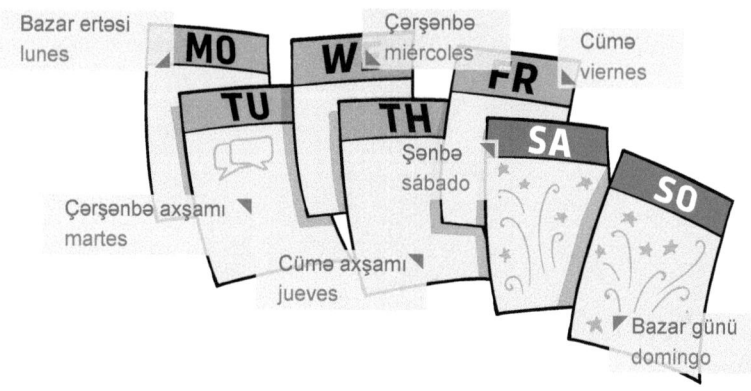

Bazar ertəsi
lunes

Çərşənbə
miércoles

Cümə
viernes

Çərşənbə axşamı
martes

Şənbə
sábado

Cümə axşamı
jueves

Bazar günü
domingo

dünən
ayer

bugün
hoy

sabah
mañana

səhər
la mañana

günorta
el mediodía

axşam
la tarde

MO	TU	WE	TH	FR	SA	SU
1	2	3	4	5	6	7
8	9	10	11	12	13	14
15	16	17	18	19	20	21
22	23	24	25	26	27	28
29	30	31	1	2	3	4

iş günü
los días hábiles

MO	TU	WE	TH	FR	SA	SU
1	2	3	4	5	6	7
8	9	10	11	12	13	14
15	16	17	18	19	20	21
22	23	24	25	26	27	28
29	30	31	1	2	3	4

həftə sonu
el fin de semana

il

el año

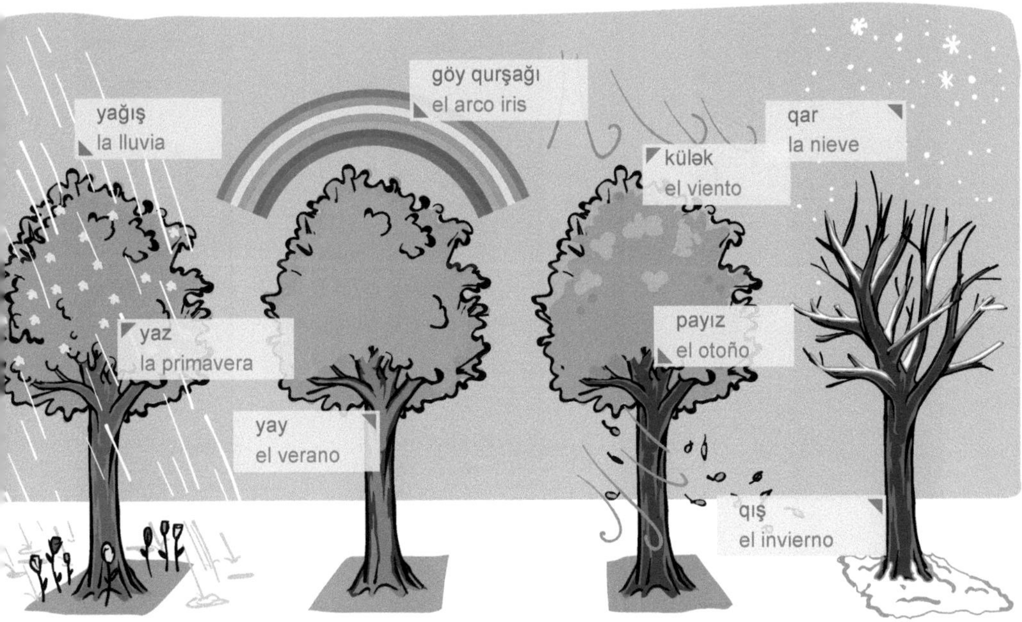

yağış
la lluvia
göy qurşağı
el arco iris
qar
la nieve
külək
el viento
yaz
la primavera
payız
el otoño
yay
el verano
qış
el invierno

4.APRIL 11°
5.APRIL 4°
6.APRIL 13°
7.APRIL 8°
8.APRIL 10°

hava proqnozu

l pronóstico meteorológico

F C
120 90 60 30 0 -30
40 30 20 10 0 -10 -20

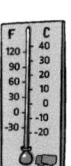

termometr

el termómetro

günəş işığı

la luz del sol

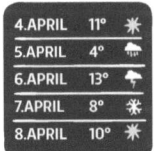

bulud

la nube

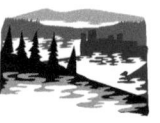

duman

la niebla

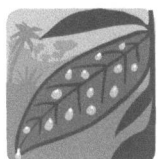

rütubət

la humedad

ildırım
el rayo

göy gurultusu
el trueno

fırtına
la tormenta

dolu
el granizo

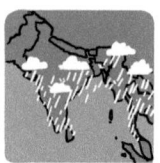

musson
el monzón

daşqın
la inundación

buz
el hielo

yanvar
enero

fevral
febrero

mart
marzo

aprel
abril

may
mayo

iyun
junio

iyul
julio

avqust
agosto

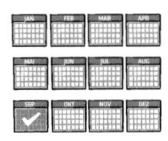

sentyabr

septiembre

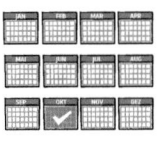

oktyabr

octubre

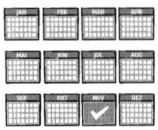

noyabr

noviembre

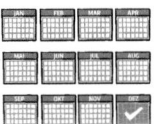

dekabr

diciembre

formalar
las formas

daire

el círculo

kvadrat

el cuadrado

düzbucaqlı

el rectángulo

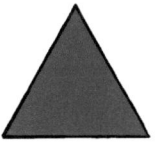

üçbucaq

el triángulo

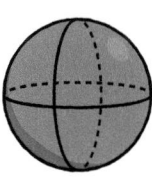

küre

la esfera

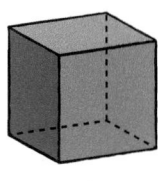

kub

el cubo

rənglər
colores

ağ
....
blanco

sarı
....
amarillo

narıncı
....
naranja

çəhrayı
....
rosa

qırmızı
....
rojo

bənövşəyi
....
violeta

mavi
....
azul

yaşıl
....
verde

palıdı
....
marrón

boz
....
gris

qara
....
negro

çox / az

mucho / poco

qeyzli / sakit

enojado / tranquilo

yaraşıqlı / eybəcər

lindo / feo

başlanğıc / son

el principio / el fin

böyük / kiçik

grande / chico

işıqlı / qaranlıq

claro / oscuro

qardaş / bacı

el hermano / la hermana

təmiz / kirli

limpio / sucio

tam / natamam

completo / incompleto

gündüz / gecə

el día / la noche

ölü / diri

muerto / vivo

geniş / dar

ancho / angosto

yemeli / yeyilməyən

comestible / no comestible

hirsli / mehriban

malo / amable

həyəcanlı / bezmiş

entusiasmado / aburrido

kök / arıq

gordo / flaco

ilk / son

primero / último

dost / düşmən

el amigo / el enemigo

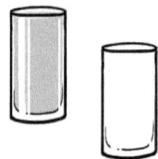

dolu / boş

lleno / vacío

sərt / yumşaq

duro / blando

ağır / yüngül

pesado / liviano

aclıq / susuzluq

el hambre / la sed

xəstə / sağlam

enfermo / sano

qanunsuz / qanuni

ilegal / legal

ağıllı / axmaq

inteligente / estúpido

sol / sağ

izquierda / derecha

yaxın / uzaq

cerca / lejos

yeni / istifadə edilmiş

nuevo / usado

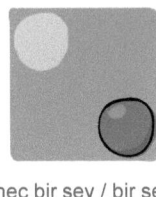

heç bir şey / bir şey

nada / algo

qoca / gənc

viejo / joven

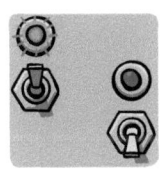

açma / bağlama

encendido / apagado

açıq / bağlı

abierto / cerrado

sakit/ bərk

silencioso / ruidoso

varlı / kasıb

rico / pobre

düzgün / səhv

correcto / incorrecto

kobud / hamar

áspero / suave

kədərli / xoşbəxt

triste / contento

qısa / uzun

corto / largo

yavaş / sürətli

lento / rápido

yaş / quru

mojado / seco

isti / sərin

caliente / frío

müharibə / sülh

guerra / paz

0

sıfır

cero

1

bir

uno

2

iki

dos

3

üç

tres

4

dörd

cuatro

5

beş

cinco

6

altı

seis

7

yeddi

siete

8

səkkiz

ocho

9

doqquz

nueve

10

on

diez

11

on bir

once

12

on iki

doce

13

on üç

trece

14

on dörd

catorce

15

on beş

quince

16

on altı

dieciséis

17

on yeddi

diecisiete

18

on səkkiz

dieciocho

19

on doqquz

diecinueve

20

iyirmi

veinte

100

yüz

cien

1.000

min

mil

1.000.000

milyon

el millón

İngilis dili

el inglés

İngilis dilinin amerikan variantı

el inglés americano

Çin dilinin Mandarin dialekti

el chino mandarín

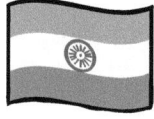

Hind dili

el hindi

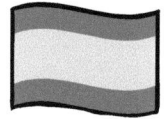

İspan dili

el español

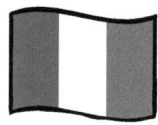

Fransız dili

el francés

Ərəb dili

el árabe

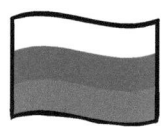

Rus dili

el ruso

Portuqal dili

el portugués

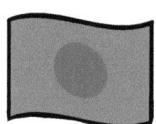

Benqal dili

el bengalí

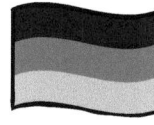

Alman dili

el alemán

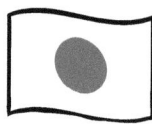

Yapon dili

el japonés

mən

yo

sən

vos

o / o / o

él / ella

biz

nosotros

siz

ustedes

onlar

ellos

kim?

¿quién?

nə?

¿qué?

necə?

¿cómo?

harada?

¿dónde?

nə zaman?

¿cuándo?

ad

el nombre

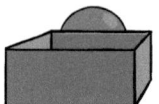

arxadan

detrás

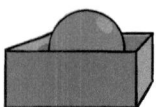

içində

en

qarşısında

adelante de

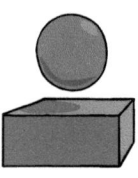

üzərində

por encima de

dair

sobre

altında

debajo de

yanaşı

al lado de

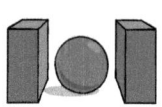

arasında

entre

yer

el lugar